突破

程序员如何练就领导力

刘 朋 著

電子工業出版社
Publishing House of Electronics Industry
北京·BEIJING

内 容 简 介

在今天中国如雨后春笋般出现的各种互联网和软件公司中，有越来越多的程序员和技术达人，因为在技术上的优异表现而被晋升为技术团队的管理者和领导者。然而，从技术到管理，从单枪匹马的个人贡献者到一呼百应的技术团队领导者，很多人遇到了和本书作者当年一样的各种困惑和不适“症状”：我能处理好人“机”关系，但是如何处理好人际关系？如何让我的新团队接纳我作为领导？如何建立和团队之间的亲和与信任关系？为何团队总是不遵照我这个技术专家的意见行动……

本书作者以亲身经历和高绩效团队教练的经验，为技术人员转型领导者提供了模式化学习的快速成长之道。

本书尤其适合互联网公司、高科技公司的技术经理、技术团队管理者，以及希望快速成长为团队领导的程序员、工程师等技术人士学习和阅读。

图书在版编目（CIP）数据

突破：程序员如何练就领导力 / 刘朋著. —北京：电子工业出版社，2018.7
ISBN 978-7-121-34526-5

Ⅰ. ①突… Ⅱ. ①刘… Ⅲ. ①企业管理－技术管理－研究 Ⅳ. ①F273.1

中国版本图书馆 CIP 数据核字（2018）第 128358 号

策划编辑：张瑞喜
责任编辑：张瑞喜
印　　刷：中国电影出版社印刷厂
装　　订：中国电影出版社印刷厂
出版发行：电子工业出版社
　　　　　北京市海淀区万寿路 173 信箱　邮编　100036
开　　本：710×1000　1/16　印张：14.5　字数：245 千字
版　　次：2018 年 7 月第 1 版
印　　次：2023 年 3 月第 3 次印刷
定　　价：72.00 元

凡所购买电子工业出版社图书有缺损问题，请向购买书店调换。若书店售缺，请与本社发行部联系，联系及邮购电话：（010）88254888，88258888。

质量投诉请发邮件至 zlts@phei.com.cn，盗版侵权举报请发邮件至 dbqq@phei.com.cn。

本书咨询联系方式：zhangruixi@phei.com.cn

谨以此书献给

我至爱的妻子

和挚爱的父亲母亲

致谢

因为有你们

刘　朋

首先，感谢我在诺基亚的团队，你们是本书中这些模式最初的“试用者”，你们的反馈让这些模式不断得到改进，你们的宽容也让我不再畏惧犯错，从而能够不断地去尝试。

感谢所有参与关于领导力模式分享的小伙伴，你们的反馈、建议和讨论，让我受益良多。你们对本书热切的期盼，也是我坚持写作的动力来源。

我也不会忘了“敏捷社区”的大卫张、张莹等朋友和“中生代技术社区”的王友强、右军等小伙伴，以及埃里克森教练学院的李玲、穆丽菊等。和你们在一起，那些关于敏捷和教练技术的讨论与思想碰撞，让我对这些领域有了更深的理解，也让本书的这些模式成为可能。

还要感谢我的朋友张在旺先生。虽然由于工作繁忙的原因，原计划我们一同写作的设想没能实现，但是在本书最初策划和写作的过程中，你的创意和建议，都让我受益良多。

感谢电子工业出版社的张瑞喜编辑和众多幕后的出版编辑人员，是你们让这本书成为可能。在写作过程中，张瑞喜编辑给了我非常大的支持和鼓励，特别是对我延迟交稿表现出了足够的耐心和宽容。在多次不厌其烦地审阅、订正和校对过程中，张瑞喜编辑所展现出的专业性，为本书增色良多！

最后，特别要感谢的，是我的妻子和我的父母。如果没有他们的爱、支持和理解，这本书是不可能完成的。我爱你们！

推荐序

领悟独门道法，完成内核升级

史海峰

“管理不是技术，是学不会的。”作为一名工作了 17 年的“IT 民工”，我过去一直这么想。从刚入行因为没有注释连代码都看不懂，到如今负责近百人的产品研发技术团队，我经历过很多次转型和突破。其中最重要的一次，是在十年前，被石晓彤总委任为亚信北京移动 OCRM 项目 EAI 组负责人。回望这十年，我在团队领导者的道路上，基本是靠野路子摸爬滚打成长起来的。我想这也是中国 IT 产业激荡三十年来，技术团队领导者成长的典型路径。柳传志、雷军、丁磊、张朝阳、马化腾、李彦宏、李开复、周鸿祎、王兴、张一鸣等众多的科技公司创始人、CEO 都是技术出身。那么他们是如何完成了如此华丽的蜕变呢？怎样才能成为一名优秀的领导者？这无疑是困扰着众多基层技术团队领导者的一大问题，我也如此。

国人讲究“道法术器势”，其中的道、法可谓万变不离其宗，术和器则需顺势而为。如果没有匹配的方法和工具，再高深的道法也难以显露价值，只会是空中楼阁。管理面向的对象是人，是团队，这是个永恒的主题。几千年人类文明留下的智慧，使得管理学发展为非常成熟的科学体系。但技术团队不同于传统制造业的流水线，IT 行业本身又在高速进化，十年前后的组织形式和运行机制有着巨大差别，所以技术团队管理有其时代的特殊性，必须与时俱进。

欣闻刘朋老师的新书即将面世，有幸提前一览其中精华，大有相见恨晚之感。IT 行业中的技术大会很多，团队管理方面的内容却相对较少，TOP100 全球软件案例研究峰会、GIAC 等技术大会的团队管理专场，我从不错过，受益匪浅。刘朋老师在 TOP100 全球软件案例研究峰会上做过精彩的分享，是享誉业内的管理专家。本书中列举了大量的案例，引述了相当多的著作，可见他非常善于学习、思考和总结，堪称榜样。

“团队制胜六步工作法”是一套深入浅出的领导力模式，为“基于工程师内核运行的团队领导者系统”提供了功能齐全的应用软件，对管理工作实践有非常大的借鉴意义。相信这些方法和工具，会帮助同行们找到适合自身的管理方法，形成自己风格的套路，提升领导力，突破自我，领悟独门道法，完成内核升级，成就团队，创造更大的价值。

微信公众号“IT 民工闲话”作者

“饿了么”技术创新部高级总监　史海峰

推荐序

为程序员打开一扇窗户

右　军

刘朋，是我的一个“高大帅”的好朋友，江湖昵称“朋帅”。我们的相识，源于几年前在成都举办的一次敏捷社区活动——那个时候，刘朋还是诺基亚的敏捷教练，并活跃于成都敏捷社区。前一阵看到他的微信朋友圈，才知道他刚刚大婚，换言之就是比我年轻好多。刘朋是真正懂敏捷的朋友之一，还有一位是自创派别的大卫张。2015 年刘朋由敏捷教练转为研发团队管理，刚巧那年我在 TOP100 全球软件案例研究峰会分享构建异地研发中心的心得时，主办方邀请我来年继续做分享，我便推荐了朋帅。2016 年，朋帅在北京 TOP100 全球软件案例研究峰会上分享的《招招制胜——打造高效能团队的招式和模式》主题演讲，以及后续系列分享的热度大大超出了我的预期，这本《突破——程序员如何练就领导力》，便是这段时间的成果总结和沉淀。

读罢此书的书稿，能感受到朋帅的谈吐温文儒雅，但实则他有很坚毅果断的一面，这是带团队的人必须要具备的气质，敢于做决定，敢于担当。抛开朋友关系，我对此书的评分为 90 分。本书提出观点辅以案例的模式，相对于大道理，更偏技巧和操作指南。手册和指南的区别在于，手册必亦步亦趋，马虎不得，比如临床麻醉手册；而指南则是若干珠玉以供参考，实践效果全在自身之运用，读者亦可不断改进。

作者文字涉猎之广，令我难以望其项背，而对于企业文化、价值观和原则实践等内容，则心有戚戚焉。我曾分享过企业文化这个题目，在我看来，没有最好的文化，而是只有最适合的文化。团队领导最需要回答的关键问题有很多：

如何构建技术型氛围，让团队不要磨洋工？面对临时接手技术老旧的团队该如何走出泥潭，建立信心？如何做战略性项目的冲刺？……不同环境则目标也有不同，解决办法自然是有差异的。同样的“招式”，在不同环境和目标之下，运用的具体方法也需要细细考虑。

为何我对本书的评价不是 100 分？原因是在我看来，本书所涉及的案例和延伸内容太多，因而不够深入。这本书可能不是你期望的饕餮盛宴，而是一道开胃菜。幸运的是，它为你打开了一扇窗。而打开一扇窗，你便会得到 1000 种眺望远处山峰的方法。

知行如何合一？这也是我在阅读本书样稿时一直思考的问题，我相信这同样应该是每一位读者需要在阅读之余思考的问题。把这本书推荐给你，祝阅读愉快！

《深入分布式缓存：从原理到实践》作者
蚂蚁金融服务集团高级技术专家　右军

推荐序

突破技术思维的局限，突破英雄主义的情结

邓　强

非常荣幸应本书作者刘朋（我们更喜欢称他为“朋帅”，因为他真的很帅）的邀请，为朋帅的这本呕心沥血之作写序，诚惶诚恐，生怕自己的观点有失偏颇，而对读者造成误导，甚至对朋帅造成负面影响。好在作为一个技术狂热分子，典型的程序员出身，并在团队管理和创业的道路上进行过长期实践和探索的行业老兵，与本书所述主题“程序员如何练就领导力”有着强烈共鸣，所以，略有心得，与诸君共勉。

我从2000年上大学时便开始学习IT技术，并立志成为一个厉害的程序员，同时为之奉献了全部青春和热血。内心深处对技术是充满敬畏的，同时对人性也保持着足够的谦逊。因为我深知，一个技术从业者，若能够管理好一个团队甚至一家公司，需要全力以赴去适应角色的变化，这需要莫大的勇气和艰苦的探索。但是18年的从业经历告诉我，一个技术人员转型为管理者，虽然过程是痛苦的，但是他们身上长期训练的理性思考和逻辑思维能力，以及超强的行动力和对产品的执著，却能够比其他类型的人更容易取得管理上的成功，并形成自己独特的领导魅力。而成功转型的前提只有一个——突破。突破自己的技术思维局限，突破自己的英雄主义情结，突破自己的沟通舒适区，勇敢去探索人性中最光辉的一面。

历史的车轮进入21世纪，到如今仅仅过去了18年。而在这短短的18年中，IT和互联网行业的蓬勃发展有目共睹，深刻地影响着国家的经济发展和百姓的

生活习惯。从传统互联网，到移动互联网，再到物联网；从软件小作坊，到软件规模化，再到软件产业化；从个人英雄主义，到团队协作，再到专业分工；从传统 PC 时代，到移动互联网，再到万物互联时代。可以这样说，在中华五千年的浩瀚文明中，还没有哪一种技术的变革能够像 IT 和互联网行业一样，来得这么强烈，这么深入人心，这么浩浩荡荡。

在这个高速变革的时代，有一个群体扮演着重要的角色——程序员。确切来说，应该是泛程序员群体，它包含了一切利用 IT 技术来改变世界的技术极客和普通从业者，包括但不限于售前工程师、架构师、程序员、测试工程师、售后工程师、运维工程师等。这个群体有着非常明显的标签，比如技术宅、高智商、极客、黑客、高收入、理解能力强、有创造力等。也有很多负面的标签，比如情商低、不解风情、加班狂人、不善言辞、经济适用男、盲目自信等。这是一个饱受争议的群体，却又令人们充满好奇，这群人正改变着世界，创造着一个又一个的商业奇迹。

从微软的创始人比尔·盖茨，亚马逊创始人杰夫·贝佐斯，苹果的创始人史蒂夫·乔布斯，到 Facebook 创始人马克·扎克伯格，Google 的创始人拉里·佩奇和谢尔盖·布林，Tesla 和 SpaceX 创始人埃隆·马斯克；从金山创始人求伯君，新浪创始人王志东，网易创始人丁磊，小米创始人雷军，到微信创始人张小龙，百度创始人李彦宏，360 创始人周鸿祎，腾讯创始人马化腾……，这些 IT 界大佬无一不是程序员出身，他们是众多高科技公司中被大家所熟知的一部分公司创始人。在中国乃至当今世界的背后，还有无数的程序员和工程师群体，共同撑起了这二十多年来 IT 和互联网行业的辉煌。

一个程序员的成功，或者更严谨地说，一个技术人员的成功，固然因为他们有着对产品的执著追求，以及理性的逻辑思考，但是却不能忽视他们在商业上的尝试和在管理上的探索。一个公司的成功，必然不是一个创始人个人的成功，而是这个团队整体的成功。然而，我们也不能只看到成功的一面，程序员这个群体，尤其是作为一个创业者或管理者，也有很多失败者，甚至失败者的数量远远大于成功者的数量。只是很多时候，我们选择性无视而已，因为我们更愿意关注成功者而非失败者。成功者为什么会成功？失败者为什么会失败？如何在失败中吸取经验教训，为下一次的成功积累力量，这是一个值得我们深入探讨的话题。

我本人也正在创业的道路上苦苦坚持，绝不敢妄言成功，反而是随时面临着失败的可能。无论是个人能力的不足，还是管理决策的失误，甚至商业运营的失败，无论哪一种情况，其实最终都可以归结为管理上的失败。这是任何一个技术人员转型为管理者时，都不得不面对的考验，我不例外，朋帅也不例外，读者朋友自然也不例外。一个团队的失败，管理者至少占到 70%以上的因素。如何成为一个真正的领导者，引领团队战胜困难，所向披靡，着实是一个世界性难题。也正因为如此，一个人的管理能力和领导魅力的修炼，才显得难能可贵。

本书作者结合自己十余年一线技术管理经验，恰到好处地利用了各种技术人员日常面临的管理场景，引领读者进行思维模式的转变，帮助程序员和技术群体变换一个角度看待和处理日常管理中的问题，没有枯燥的管理理论和主观感受，而是以一个一个的场景为出发点，来探求解决这些问题的思维和方法，不做作、不矫情、不误导、不空谈。是一本值得所有 IT 和互联网从业者细细品味的上乘之作。本书也非“银弹”①。指望仅凭作者一己之力，解决困扰业界多年的难题，这不符合逻辑，更不现实。但是，作为一本经验之作，却能直面问题，探求本质，述事以方法，予人以指引。衷心希望本书能够帮助读者朋友在技术转型管理的道路上少走一些弯路，多一些成功。

管理之难，难在目标，难在行动，难在决策，难在沟通，难在坦诚，难在反省，难在信任，难在公平。而难上之难，在于管人，在于理事，更在于人性。成为一个管理者并非难事，而成就一个真正的领导者，实属不易。虽无“银弹”，但事在人为！

蜗牛学院创始人、《Web 前端开发实战》作者　邓强

---

① 银弹（Silver Bullet），比喻具有极端有效性的解决办法。

他们说

2015年伊始，刘朋老师便开始研究与分享“团队制胜六步工作法”，不断对管理模式与招式进行实践与更新。到2018年，刘朋老师精心打磨的书籍《突破——程序员如何练就领导力》就要出版了。本书总结了团队制胜的“套路”，引经据典，结合实际；无论是刚步入技术管理领域的新手，抑或是技术管理的“大咖”，都能轻易找到共鸣点。同时，书中配以非常翔实的、具体的案例和工具，这些都让本书的实操性更强，带给众多技术管理者满满的干货。

——中生代技术社区创始人　王友强

在硅谷，我遇到过很多印度技术人员，他们在拥有技术学历的同时，几乎都拥有MBA文凭，简直就像咖喱一样是他们的“标配”。硅谷很多互联网公司的高管位置也都被印度裔所占据，其中一个非常重要的原因就是他们既懂技术又懂管理。所以有意识地通过正规或非正规的渠道学习管理知识是技术人员进阶的必由之路，刘朋的这本书总结了他自己的实战经验，浅显易懂，是互联网企业IT人员的进阶宝典。

——易宝支付有限公司CTO　陈斌

非常欣喜地看到又一本探讨技术团队领导力的书籍即将出版，作者将自己丰富的管理经验加以提炼和总结，既有关注管理人员内心的“解惑”篇，又有实战干货“六步工作法”，作者创新性地提出“领导力模式”，结合丰富的案例带领读者进入顿悟时刻。我将这本书力荐给有志于从事技术管理的朋友！

——《技术管理之巅：如何从零打造高质效互联网技术团队？》作者

中通快递股份有限公司技术总监　黄哲铿

做技术是与机器打交道，做管理是与人打交道，我们千万不能把人当作机器。做管理就是做人，只有做好自己，才能管好团队。做人要有原则，做技术要懂原理，做管理要学模式。通过阅读本书，你将掌握做管理的有效模式。

——《架构探险：从零开始写 Java Web 框架》作者

特赞（上海）信息科技有限公司 CTO　黄勇

我和刘朋相识多年，并在最近合作了团队领导力的课程设计。我见证了他从一名出色的技术专才成长为杰出的团队领导者。从内部沟通到公众演讲，从团队培训到著书写作，他从不曾停止过对自我的探索，更重要的是将积极的改变总结成经验，赋能他人。现在你只需要翻开这本书，便有机会如他一样，化茧成蝶，翩翩起舞！

——成都斯罗商务咨询服务有限公司创始人　罗丹

前言

“如果不进行任何尝试，就不会有任何成功的机会。”

——韦恩·格雷茨基，冰球名人堂成员

在今日中国如雨后春笋般出现的各种新兴的互联网和软件公司中，有越来越多的技术达人凭借在技术上的优异表现而被晋升为技术团队的管理者和领导者。然而，从技术到管理——从单枪匹马的个人贡献者到一呼百应的技术团队领导者——注定是“惊险的一跃”。对于刚走上技术团队管理岗位的技术专家，你一定遇到过和本书作者当年一样的各种困惑和不适“症状”：

——我能处理好人“机”关系，但是如何处理好人际关系？

——如何让我的新团队接纳我作为领导，以及接纳我所描绘的愿景？

——如何让团队愿意主动跟随我，而不是被动地去遵照执行？

——如何建立和团队之间的亲和与信任？

——为何团队绩效总是提升不了，恨不得自己把所有事都干了……

——为何团队总是不遵照我这个技术专家的意见行动？

……

诸多困惑，不一而足。

本书将帮助你有效地克服在这个转变中出现的各种不适和挑战，在成为一个有效的管理者，以及打造出一支高绩效的技术团队的道路上，迈出从 0 到 1 这坚实的一步。笔者自己是由技术人员进入管理层的，书中结合了笔者多年的实践经验和反思，总结出这套“团队制胜六步工作法”（简称“六步工作法”）。笔者曾受邀在国内外敏捷和团队管理的会议、工作坊和论坛中对“团队制胜六步工作法”进行了多次分享（例如 2015 年成都“敏捷之旅”，2016 年北京 TOP100 全球软件案例研究峰会[①]、中生代技术嘉年华论坛[②]，以及 2017 年 Teambition 敏捷创新之旅[③]、2017 年德国科隆 XP2017 敏捷国际会议[④]等），均收到良好的反馈。在学习了很多其他从业者的优秀实践之后，我也深刻体会到技术团队的领导者对提升管理和领导能力的迫切需求。因此，为了更好地帮助从技术到管理的新人，我和我的团队成员开始尝试为“六步工作法”中的每一步都提供了一系列管理模式和招式，并针对管理工作中重复出现的管理和领导力困境，提供了切实可行的、被验证为有效的解决方案。

不同于常规的管理类图书，本书并没有大量阐述管理和领导力的理论，而是通过作者多年从事技术管理的心得，以及在技术管理社区进行相关讨论所获得的启发，将模式思维从软件设计领域引入技术管理领域，总结出一系列实践性强、可以被复制的，用来解决技术管理者常见困境的行为模式和具体用法。无论你是刚刚从技术专家走上管理岗位，还是致力于成为技术管理者，抑或是已经从事技术管理一段时间，相信本书所总结的“团队制胜六步工作法”、模式思维，以及一系列的领导力模式及丰富的案例，都会对你有所启迪。

本书的组织结构

本书的第一部分（第 1～2 章）概述了本书的主题“程序员如何练就领导力”。

第 1 章梳理了从技术到管理的人士所面临的挑战和困惑。通过探寻优秀领导者们的智慧，将领导力聚焦于德鲁克所提出的“对人的关注和发展”这个角度。进而，从“人”的角度较为深入地分析了技术管理者和领导者所面临的挑战；同时也指出在当前互联网和人工智能“来势汹汹”、已经或者即将改变我们生活的方方面面的新形势下，团队的管理者也必须将自己定位为团队领导者，才能够在剧烈的变化中持续为组织创造更大的价值。

第 2 章概要讲述了本书针对技术人员提升领导力的核心方法和模式——

---

① 主办方网址：http://www.top100summit.com/think/12030

② 主办方网址：http://chuansong.me/n/1779575252925

③ 主办方网址：http://go.teambition.net/agile-tour-cd

④ 主办方网址：https://xp2017.sched.com/event/9cus/patterns-for-making-leadership-happen-and-building-self- organizing -agile-teams

“团队制胜六步工作法”的核心框架。

本书的第二部分（第3～16章）分章详细地介绍了“团队制胜六步工作法”中的领导力模式。包括模式名称、模式所希望解决的问题、具体的解决方案和实施步骤，以及模式在实际中的应用案例。

鉴于新型互联网公司和技术团队的国际化特点，本书保留了部分人名、引文和专业的英文词汇，以方便读者准确理解和查阅原文。

本书不仅基于作者的实践经验，更基于诸多理论研究结果和许多人的亲身经历。为了方便读者扩展阅读，我们在本书附录的“参考文献”中列出了一个完整的参考文献清单。

扫描本书封面上的二维码，可以与作者互动和交流。

本书面向的读者

本书的主要读者是从技术专家转化角色到团队管理的人士——无论是传统的软件或者IT企业，还是当前发展迅猛的互联网公司，以及其他新兴的高科技公司，如何让更多的“技术牛人”升阶为“管理牛人”，或者更进一步蝶变为“领导牛人”，都是一个急迫的需求。而本书中提炼和总结出的“团队制胜六步工作法”，以及相应的一系列可复制的领导力模式，都会对技术管理者和技术领导者有所启迪。

同时，对于其他行业的管理者或者领导者而言，本书中的“团队制胜六步工作法”框架和领导力模式也会令他们感兴趣。因为无论是什么行业，领导力的核心挑战都是如何激发人的激情和潜能。作为本书作者，我也希望获得非技术行业读者对本书中领导力模式的反馈，从而能够让我们不断完善和提高这些领导力模式。正如在《建筑的永恒之道》一书中，模式的发明人克里斯托弗·亚历山大所说的：

“我们可以逐步改善我们所分享的这些模式，用实际经验验证它们，体会这些模式带给我们的感觉，我们可以很容易地确定这些模式是否适合自己。”

刘朋

2018年2月

目录

第一部分

程序员如何练就领导力

著名的管理大师彼得·德鲁克曾经分享过一个“三位采石者”的故事。故事是这样的：一位旅人在旅行途中，在一个采石场遇到了三位采石者，三位采石者正在非常努力地切割和打磨一些巨大的石材。旅人非常好奇他们是为了什么工程而这么卖力，因此他走上前去，问第一位采石者他在做什么。“你没有看到吗？我正在切割这些巨大的石材，这是我谋生的手段。我家里的妻子和孩子都在等我挣钱养家呢！”虽然得到了回答，旅人依然非常迷惑这些大石头到底要做什么用，因此他又去问第二位采石者。“我正在按照这个国家最高的标准将这些石材切割成合适的尺寸，从而让它们能够被安放到墙上。你知道，在这个国家，我拥有这方面顶尖的技能。”虽然对他们的工作有了更多的了解，但是旅人脑海中的疑问仍然没有解决。因此，他又去问了第三位采石者——他看起来是三个人中干得最开心的，“你们是在为什么而工作？”从他这里，旅人解开了心中的疑惑：“我们正在建造一座教堂！你看，这些切割和打磨得最棒的石材都是为这座教堂而准备的。”

如果你是一位因为出色的工作而从技术人员的位置上提拔为团队领导者的管理“新人”，那么你一定和上面故事中的旅人一样，对“技术型领导者”的工作有很多的疑惑希望得到解答。你也许去咨询了很多富有经验的领导者，有人给你的是类似第一位采石者的回答——这些仅仅停留在“术”层面的解释仍然难解你心中的疑惑；有人提供的是类似第二位采石者的回答——这些“法”层面的解释令你似懂非懂，但是心中的疑惑犹在；而只有当你听到类似第三位采石者的回答——这些在“道”层面的解释才能让你从全局的角度重新看待你所面临的领导力的挑战，才让你在恍然大悟的同时能够把“法”和“术”层面的道理有机地连接起来——就如散落的珍珠终于有了把它们串在一起的主线。在接下来的部分，我们将从管理新人的“疑惑”说起，通过讲述提升技术型领导者的领导力之“道”，以及具体提升技术团队领导者的领导力的方法和工具（“法”和“术”），帮助技术型人士全面提升领导力。希望你和我们一起，共同开启这段有趣的领导力提升之旅！

第 1 章　从技术思维到领导思维

小托马斯·沃森（Tom Watson Jr.）在 1956 年到 1971 年间出任 IBM 公司的 CEO，是历史上推动信息革命的重要人物。同时，沃森一直以来也被推崇为具有杰出技术团队领导力的人物。在埃德加·沙因的《组织文化与领导力》一书中，记录了沃森的一个被人们津津乐道的领导力故事。有一次，一位年轻的 IBM 执行副总裁由于一个错误的决定导致 IBM 蒙受了数百万美元的损失，当他被叫到沃森的办公室的时候，他已经做好了最坏的打算。“恕我直言，我想您今天找我应该是和我谈解雇的事情吧？”见到沃森之后，这位执行副总裁开门见山地表达了自己的忧虑。但是，出乎意料，沃森的回答是：“根本不是，年轻人！IBM 才花了数百万美元的学费让你学会了一些新东西，我怎么可能解雇你？”

对于一位优秀的领导者而言，如何正确地理解什么是领导力？如何让自己通过不同的视角去看待周边的人和事？如何让自己拥有与技术人员不同的能力，从而更好地达到目标？这些，都是技术型领导者之“惑”。

1.1　什么是领导力

什么是领导力？这似乎是一个非常容易又非常难回答的问题。

有人说，领导力既是一个科学研究的领域，也是一项实用的技能，它包含了领导者（个人或者组织）领导或者指导其他个人、团队、甚至整个组织的能力。也有人说，领导力是一种“道可道，非常道”的艺术。

但问题是，任何一位领导者都不会因为获得了这样的定义就觉得自己已经掌握了领导力的秘诀。那么如何通过对“领导力是什么”的追问和探究，获得“如何提升领导力”这个更为重要的问题的答案？

从这个角度出发，就让我们先把目光投向那些优秀的领导者，看看他们眼中的“领导者”和“领导力”是什么样的。

——“组织发展理论”创始人沃伦·本尼斯（Warren G.Bennis）博士说：“做领导者和做你自己是同义词。就这么简单，也这么困难。”

Becoming a leader is synonymous with becoming yourself. It is precisely that simple, and it is also that difficult.

——管理学大师彼得·德鲁克（Peter F. Drucker）说：“管理是把事情做好，领导是做正确的事情”。

Management is doing things right; leadership is doing the right things.

——《追求卓越》一书作者，全球著名的管理学大师汤姆·彼得斯（Tom Peters）说：“真正的领导是做不一样的事，它不是要你做得卓越，而是激发别人表现卓越”。

True leader does something differently: it is not that you should be excellent, but your people be excellent!

——微软创始人比尔·盖茨（Bill Gates）说：“老板创造恐惧，领导者创造自信；老板能修正过失，领导者能改正错误；老板什么都知道，领导者总是问问题；老板让工作成为苦差事，领导者让工作变得有趣；老板专注于他自己，而领导者专注于整个团队”。

A boss creates fear, a leader confidence. A boss fixes blame, a leader corrects mistakes. A boss knows all, a leader asks questions. A boss makes work boring, a leader makes it interesting. A boss is interested in himself or herself, a leader is interested in the group.

从以上这些不同背景和行业的领导者关于领导和领导力的阐述中，可以发现一个共同点，那就是对“人”的关注。管理大师德鲁克对领导力进行了这样的阐述：

“领导力就是把一个人的视野提到更高的境界，把一个人的成就提到更高的标准，锤炼其人格，使之超越通常的局限”。

Leadership is lifting a person's vision to high sights, the raising of a person's performance to a higher standard, the building of a personality beyond its normal limitations.

与一般意义上的管理者不同，领导者的视野超越了具体的工作或者关键绩效指标（Key Performance Indicator，本书以下简称“KPI”），而是关注最核心的“人”。把一个人的潜力、持续的创新动力开发出来，让他做出他自己以前想都不敢想的成就。

同时，领导者的一切行为，都是受到其价值观支配的。因此，一个好的领导者应该是一个言行一致的人——他所表现出的对人的关注，并非是由于所处的位置，而是其自我价值观和信念使然。

德鲁克对领导力的定义并没有直接关注业务、组织的战略和目标等管理学中的常见要素，而是从“人”的角度入手。

当一个领导者发自真心地表现出对人的重视，更重视帮助他人取得更大的成就，那么一定有人愿意跟随他，并且心甘情愿地跟随。而这样的领导者和其带领的团队所迸发出的力量也会是巨大的。

1.2　人：技术型领导者挑战之源

在工业革命初期，亨利 · 福特曾经说过一句著名的话：“我雇的明明是两只手，怎么却来了一个人”。在以简单劳动和体力劳动为主的制造业初期，亨利 · 福特“雇用两只手”的论断也许显得不是那么离谱。但是，随着经济活动的日益复杂，脑力劳动日益增多，企业和其他组织不仅仅需要雇用员工的一双手，还需要“雇用员工的大脑和他们全心的投入”——只有让员工充分发挥出自己的聪明才智、创造力和能动性，企业和其他组织才有可能在激烈的竞争中胜出。

然而，正如纽约伯纳德 · M · 巴鲁克学院经济学和金融学教授杰克 · 弗朗西斯（Jack C.Francis）曾经指出的：“你可以买到一个人的时间，你可以雇一个人到固定的工作岗位，你可以买到按时或按日计算的技术操作，但你买不到热情，你买不到创造性，你买不到全身心的投入，你不得不设法争取这些。”如何能够真正“雇到员工的心和脑”，的确是领导力的核心挑战；如果你恰巧是一个技术团队的领导者，那么你将面对更大的挑战，原因在于以下三个方面。

1. 从技术到管理的挑战

在 IT 技术团队，通常都是“编而优则仕”——优秀的程序员被提拔为管理者（其他领域的工程师、技术专家等也类似。在本书中，我们有时也用“程序员”代指各行各业的技术人员）。虽然人们总是认为优秀的技术人员也一定会是优秀的领导者，但是事实证明很多情况下这只是一厢情愿的美好愿望而已。由于技术人员面对的问题更多是技术、系统、算法和程序等“事”，而领导者面对的更多的问题则是“人”（人的情绪、观念、想法等），这正是引发从技术到管理挑战的源头，也是转型者需要完成的突破。

管理咨询师肖杨曾在《晋升：从项目经理到年薪百万的职场精英》一书中，把从技术到管理需要的突破总结为以下四个方面。

突破 1：关注点从“事”到“人”

技术人员只需要关注怎么把事情做好，而团队领导者则需要思考如何找到最合适的人把最合适的事情做好。对于刚从技术人员转换角色的管理者，第一个突破就是：忍住“我自己来做”的冲动——这个时候更重要的，是发掘和培养一个最合适的人，把事情做到最好。

突破 2：角色从“演员”到“导演”

作为技术人员，遇到问题时都是冲在最前面，可以比喻为舞台上站在聚光灯下的演员。而作为管理者，则需要对整台戏进行策划，寻找最合适的演员，给每个演员分配明确的角色，让演员在舞台上有最出色的表现，而自己也许不需要上台。因此，从技术到管理的第二个突破就是：要做到从台前的“演员”变为幕后的“导演”。

突破 3：知识范畴从“点”到“面”

成为一名技术专家，往往只需要在一点上做深做透，而作为一个领导者，则需要有全局观，并且在比较宽的领域上都有涉猎。这就需要从技术到管理的新人完成第三个突破：拓宽知识范畴，完成从“点”的深入到“面”的掌控的转变。

突破 4：思考方式从“0 或 1”到“从 0 到 1 之间”

对于技术人员特别是程序员来说，解决问题通常只需要用“正确”和“错误”来区别。换句话说，就是思考方式非“0”（错误）即“1”（正确）。这种绝对的思考方式，对于处理技术和程序等“事情”是有效的，但是对于管理者，由于面对的是人，这种“非黑即白”的思考方式就会暴露出很多问题。正如《不懂带人，你就自己干到死》一书中指出的，对于“人”的问题，切忌简单地使用“正确”或者“错误”的二元判断，因为在人的问题上没有绝对的对错。例如，团队某成员没有按时参加每日早上的例会，这是“对”还是“错”呢？从遵守团队的纪律上来说，可能是“错”了，但是也许该团队成员是因为前一天晚上在客户现场紧急支持，回家已经是凌晨，才导致早上迟到。从这个角度来看，似乎也不能简单地说他“错”了。因此，从技术到管理，还需要做到的一个突破，就是把“非黑即白”的二元思维转化为在人的问题上没有绝对的对和错，只是偏向哪一边更多一点的多元化思维。这个思维方式的突破，会引发管理者行为上的变化。

2. 从管理者到领导者的挑战

如果说从技术到管理的改变，是技术型领导者迈出的“惊险的第一步”，那么从管理到领导的改变，才是真正让技术人员完成角色转变的“坚实的第二步”。在很多人眼中，管理者（Manager）和领导者（Leader）似乎是同义词。实际上，二者有非常大的区别。只有深刻理解这些区别，同时通过刻意的修炼，让自己具有领导者所需的特质，才能真正成为德鲁克所定义的那样的“做正确的事情”的领导者。

职业转型指导专家迈克尔 · 沃特金斯谈到从管理者到领导者的七种质变：从专才到通才、从分析者到整合者、从战术家到战略家、从泥瓦匠到建筑师、从被动者到主动者、从急先锋到外交家、从践行者到倡导者……

著名财经作家吴晓波在他的《影响我一生的八句话》脱口秀节目中讲过一个故事。吴晓波有一位做了二十多年管理的朋友，当这位朋友回首自己从一位管理者迈向领导者的经历时，感触最深的是：刚开始做管理的时候，关注的都是业务、流程、指标和绩效这些东西，觉得最重要的事情就是达成组织的目标；而直到做了十多年的管理之后，才突然意识到其实对自己来说最重要的事情，是对带领的团队所负的责任——让每一位成员变得更好的责任；让每一位成员的潜能得以充分释放的责任；让每一位成员通过自我的发展，以及与团队的协作达到自我实现的责任。

如果说从技术到管理是从行为层面完成了从关注“事”到关注“人”的转变，那么从管理者到领导者就是从价值观层面完成了从“人”出发最后回归于“人”的转变。乍看起来，对于一个领导者而言，最重要的事情似乎应该是业务、利润、商业扩展等，但是无数事实证明，从价值观层面真正关注于“人”，看似和具体的业务无关，和领导者的本职不相关；但实际上，发自内心地表达出对所带领的人的关心，支持和帮助他们做到最好，才是达到组织成功最有力的助推剂！

在本书中，我们更强调的，就是如何自觉地修炼成一名优秀的领导者。

下面几个例子可以为我们带来一些这方面的思考。

国泰航空的例子

《细节营销》一书的作者马丁·林斯特龙曾说过一件与国泰航空相关的事情令他非常难忘，这也是他在无数个营销课堂上讲过且至今仍会举的一个例子。有一次马丁乘坐国泰航空的航班出行，飞行途中有一位空乘人员走到马丁身边，对马丁说："马丁先生，我们注意到您的行程，您离家已经很长时间了，这是我们为您准备的报纸。"说完之后，空乘人员为马丁送上了一叠报纸。马丁感到非常奇怪，但是当他打开报纸的时候，他便明白了，因为这些都是马丁家乡的报纸！国泰航空通过马丁的行程，了解到他离家已经很长时间了，为了缓解他的思乡之情，专门给他准备了家乡的报纸。可以想象，从此以后，马丁就成为了国泰航空忠实的常旅客。

丽思卡尔顿酒店的例子

马丁·林斯特龙还讲过一次令他印象深刻的入住丽思卡尔顿酒店的经历。有一次马丁入住半岛酒店，发现房间内有 CD 机，但是没有 CD 唱片，于是马丁就问服务生有什么地方可以听音乐，或者酒店是否有 CD 唱片。由于酒店是新开业的，因此还没有配备 CD，服务生礼貌地向马丁解释了没有 CD 的原因。但是临走之前，服务生特意问了马丁喜欢听什么风格的音乐。一会儿，那个服务生又回来了，他手里还拿着三张 CD，并免费送给了马丁。而这些 CD，就是刚才马丁提到的他喜欢的歌星的专辑！

诺基亚高管巴斯（Basil Alwan）的领导力故事

在诺基亚，IP 和光网络事业部总经理巴斯的故事常常会在企业内部的领导力培训中被提及。作为诺基亚的高管之一，巴斯的日常工作非常繁忙，但是他为下属做的一件小事却被大家津津乐道：当巴斯的下属在繁忙的工作之余，利用休假的机会带领家人到某地度假时，往往会意外地在下榻的酒店收到来自巴斯特地送上的一束鲜花和一瓶红酒。而且巴斯每次都会附上亲自手写的小卡片，感谢下属在工作中的付出。这样一个小小的举动，每次都会让收到小礼物和卡片的下属充满了感激。而也正是这样一种发自内心的对员工的关心和关注，让巴斯收获了一批忠诚和充满干劲的下属。

京东 CEO 刘强东关怀员工的例子

刘强东有很多对员工充满关怀的例子。2017 年 6 月京东在江苏宿迁的客户服务中心正式迁入新办公大楼，随之一起落成的，还有为京东员工准备的 700 多间员工公寓。这些员工公寓都是精装修，公寓内还配有休闲服务中心、健身区和图书区等。京东为员工提供了完善的医疗保障体系；同时，京东聘用的每一个人员，从保安、保洁员到快递员，都需要和京东直接签订合同，而不是和外包公司签。刘强东觉得如果克扣员工的“五险一金”，牺牲员工退休之后的保命钱，即使京东可以因此而每年节省 17 亿元，都是可耻的——那将不只让京东这家公司的存在没有了意义，更会让员工对公司感到失望。在小孩入托、上学、员工食堂等方面，京东都表现出对员工的关怀。这些都出自刘强东的一个理念：想要员工为公司发挥最大的动能，需要的不仅仅是跟员工谈情怀，更重要的是，还要为员工多想一些，多做一些，多一些关心。这也正是京东能够在短时间内做大做强的一个非常重要的原因。

上面这些优秀的企业和优秀的领导者所展现出的对员工和顾客发自内心的关心，无一例外都让他们在获得成功的同时，也获得了社会和员工的尊重。看似与业务无关的“对人的关心”，实际上能够产生的对业务的贡献却是惊人的。

3. 人的决策和判断的非理性的挑战

亨利·福特在工业革命初期所做“我雇的明明是两只手，怎么却来了一个人”的论断，其实从另一个侧面揭示出一个重要的事实：当面对一个员工的时候，领导者面对的不是一个只知道执行制度和流程的“机器”，而是一个有血有肉、有情感、有智慧的“活生生的人”。一个技术人员所面对的“事”，通常都有事物所遵循的一定的规律；而一个领导者所面对的“人”，虽然在经济学中被认为是“理性”的，但是实际上人的决策和判断总是充满了各种非理性的因素。在著名的《思考，快与慢》一书中，作者丹尼尔·卡尼曼，这位诺贝尔经济学奖得主深入地揭示了人类在决策和判断中的非理性因素。而这些非理性的因素，也会成为从技术人员转化为领导者的过程中的挑战。只有当一位技术人员完成了知识储备从技术的某个“点”到囊括了心理学、社会学和管理学等不同学科的“面”的拓展，才算是真正完成了成为领导者的“凤凰涅槃”。

诺贝尔经济学奖得主丹尼尔·卡尼曼在其大作《思考，快与慢》中，系统地论述了人类思考的两种方式：较快的无意识的“系统 1”，以及较慢的有意识的“系统 2”。常用的无意识的“系统 1”依赖情感、记忆和经验迅速做出判断，它见闻广博，使我们能够迅速对眼前的情况做出反应。但系统 1 也非常容易上当，因为它总是坚守“眼见即为事实”的原则，任由厌恶和乐观偏见之类的错觉引导我们做出错误的选择。有意识的“系统 2”通过调动注意力来分析和解决问题，并做出决定，它比较慢，不容易出错。但它很懒惰，经常走捷径，直接采纳系统 1 的直觉来判断结果。书中提到的下面这些例子，足以让我们认识到，人的决策和判断的非理性比我们设想的要严重得多，而这正是对领导者的挑战。

例子 1：锚定效应

锚定效应是心理学领域非常重要的一个现象，指的是当人们在对某人或者某些事情做出判断时，非常容易受到第一形象或者第一个获得的信息的支配——就像轮船的锚一样，把人们之后的判断和决策固定在某个地方。锚定效应表现在人们生活的方方面面。丹尼尔从美国俄勒冈大学招募了一些学生志愿者来进行实验。被试者首先转动一个标有 0～100 经过了数字的轮盘，但是轮盘的特别的改装，只能停在 10 或者 65 的位置。在转动轮盘之后，实验人员会紧接着问被试者一个问题：“你认为联合国中非洲国家所占的比例是多少？”虽然轮盘并不会为回答这个问题提供任何有用的信息，但是事实是：看到 10 和 65 的被试者的平均估值分别为 25%和 45%。这个实验充分展示了暗示产生的锚定效应对人们判断的影响。同样，当被问到“你的左腿是否微微感到麻木了？”时，这个问题会使得很多人回答他们的确感到左腿有些麻木。

作为一位高效的领导者，必须充分意识到锚定效应对团队成员所造成的影响。例如，如何通过建立良好的第一印象为团队成员“锚定”一个亲和、值得信赖的形象；如何利用暗示的强大作用激发员工的积极思维和创新；如何引导团队成员形成一个统一的价值观和团队文化，从而能够“锚定”日常工作中的正确决定。

例子 2：损失厌恶效应

损失厌恶是指人们在面对同样数量的收益和损失时，往往会认为损失更加难以忍受。同样的损失所带来的负面效应是同样收益所带来的正面效应的 2.5 倍！在一个著名的实验中，实验者给被试者提供了两种“赌博”方案，并要求被试者从中选择一个。

方案 1：有 100% 的机会获得 3 000 美元。

方案 2：有 80% 的机会获得 4 000 美元。

虽然从概率论的角度出发，方案 1 的平均收益是 3 000 美元，方案 2 的平均收益是 3 200 美元，但是绝大多数的人都会选择方案 1。

紧接着，实验者又给被试者提供了方案 3 和方案 4，同样要求被试者从中选择一个。

方案 3：有 25% 的机会赢得 3 000 美元。

方案 4：有 20%的机会赢得 4 000 美元。

实验的结果是，绝大多数人都选择了后者。

这个有趣的实验充分证明，非理性的“损失厌恶”会引导人们做出非理性的决定。

“损失厌恶”意味着大多数人都对犯错误所造成的损失有天然的“厌恶”。对团队领导而言，由此导致的问题是团队更倾向于墨守成规，不思改变，从而失去创新的活力和生机。而对团队成员来说，这也会导致成员因为害怕犯错而不敢发表和领导不同的意见，不敢创新等问题。因此，如何有效地鼓励创新，让团队成员乐意去尝试新鲜的想法和方案，需要仔细地思考。

例子 3：光环效应

光环效应对人们做出判断会产生很大的影响。所罗门 · 阿系（Solomon Arch）所进行的一项心理学实验堪称经典。所罗门对两个人（艾伦和本）进行了评价，然后邀请被试者对这两个人的个性进行评价。所罗门对两人的评价如下：

艾伦：聪明—勤奋—冲动—爱挑剔—固执—嫉妒心强；

本：嫉妒心强—固执—爱挑剔—冲动—勤奋—聪明。

实验表明：虽然二者的描述实际上是一致的，但是绝大多数人都会更加喜欢艾伦。因为对于一个聪明和勤奋的人来说，固执和冲动也是可以原谅的；但是对于一个嫉妒心强而又固执的人来说（例如本），如果他还聪明的话，他身上就会带着一些危险性。实验揭示：光环效应往往重视第一印象，而后续的信息大部分都被忽略了——这种喜欢某个人的某个方面，然后就会“爱屋及乌”地喜欢这个人的其他方面的倾向，就叫作光环效应。从某种角度来说，可以认为光环效应就是人们生活中普遍存在的偏见。

对于团队领导者来说，如何充分利用领导力工具，破解团队成员个人的这种由于“光环效应”而引发的偏见，就是一个挑战。在詹姆斯 · 索罗维基（James Surowiecki）所著的畅销书《群体的智慧》中，就提供了一个有效的工具——利用群体的智慧。一个人单独完成某项任务的效果不是非常理想，但是一群人共同做出判断时的准确性就高得多。例如，某些人做出了高于平均值的估计，而另外一些人做出了低于平均值的估计，那么综合起来，他们总体的判断就会趋于平均值。

例子 4：启动效应

在心理学中，启动效应也是一个非常重要的发现。启动效应是指由于之前受到的某一刺激而使得之后对同一刺激的知觉和加工变得更为容易的心理现象。例如，如果一个人脑海中刚好在某个时刻有了“喝”这个概念（无论是否注意到这一点），恰巧此时有个人低声对他说了一声“喝汤”，或者在他面前远远地放了一碗汤，那么他会比平时更快地意识到“汤”这个字。在《思考，快与慢》一书中，丹尼尔还展示了启动效应更多的表现形式。一个非常有趣的例子是，研究人员选择了一批初中生，并将它们分为两组，让两组学生都去完成一个具有一定难度的拼图游戏。在两组学生都完成之后，实验人员对第一组学生说：“你们真棒，因为你们用了比同龄人平均用时更少的时间完成了这个题目，希望你们今后能继续保持!”而对第二组学生，他们从研究人员那里收到的反馈是：“你们真棒！因为你们总是在尝试挑战新的难题，其实无论你们最后是否能够完成，你们的探索精神都非常值得表扬!”在进行了反馈之后，实验人员继续让两组学生开始完成新的拼图题目。

接下来的结果非常有趣：实验人员惊奇地发现，第一组学生更倾向于选择简单的拼图题目——因为他们在第一轮中所获得的启动信息是“用时更短”，所以，他们为了保持这个评价，便刻意选择那些更加容易的题目，而放弃那些具有挑战性的题目。而第二组学生，则更加倾向于选择那些具有挑战性的拼图题目——因为他们在第一轮中所获得的启动信息是“富有挑战精神”，所以，为了保持这个评价，他们就继续选择那些富有挑战性的题目。这个实验非常好地体现了启动效应在日常生活中对人们产生的潜移默化的、巨大的影响力。

对于一位团队管理者而言，充分了解启动效应能够更好地引导员工向更高效的方向进发。例如，启动效应在情感方面的影响体现于所谓的“因为喜欢，所以认同”。如果人们因为某些原因对某人产生了喜欢或者好感，那么就更倾向于认同他的其他方面。这也就是为什么在销售培训中，讲师都会强调使用同乡、同学、相同爱好等相似的特性去获得客户的好感，从而促成销售的原因。利用“相似性”原理，能够很容易地获取他人的好感；而获得好感之后，因为启动效应，就能够在其他事情上也更倾向于获得对方的认同。对团队领导者来说，这就意味着通过更好地和团队成员建立亲和与信任，从而获得团队成员在后续工作等其他方面的认同；这也意味着，团队领导者利用积极和正向的思维，给予团队成员建设性的反馈和鼓励，利用启动效应，让员工能够逐渐习惯积极和正向的思维方式。启动效应对团队领导者还意味着，如果总是使用“问题思维”去寻找员工工作中的不足、问题和缺陷，那么收获的不只是员工的抵触，还会“启动”员工也用“问题思维”去看待自己的工作和他人的工作；相反，如果团队领导者能够运用“面向解决问题”的思维，凡事都能看到其中积极的因素，同时更多地激发员工去面对问题、解决问题，那么“启动”员工的也会是“面向解决方案”的思维，以及不怕尝鲜和犯错，更关注如何把事情做得更好的创新精神。这一切，都需要团队领导者认识到“人”是团队管理中最大的挑战，而人的非理性思维又是处理人的问题中最容易被忽略，但是又非常重要的方面。

综上所述，对于从技术到管理的新人，只有充分意识到在这个角色转换过程中所面临的“三座大山”——从技术到管理的挑战、从管理者到领导者的挑战，以及人的决策和判断的非理性的挑战，并且有意识地去提升自己，才能顺利完成这“惊险的一跃”。

1.3　技术团队需要技术型领导者

对于很多从技术到管理的新人来说，面对前文中所说的“三座大山”，往往会产生“畏难”情绪，很多人甚至会说为什么不把“技术型管理者”作为目标？为什么还需要费那么多工夫去成为“技术型领导者”呢？

正如李开复在一次演讲中提到的，互联网和人工智能来势汹汹，会在不远的将来让 90%的职业都成为冗余，例如司机、翻译、助理、保安、客服等。但是，在李开复看来，拥有创造力的人才一定是不会失业的人。同样，罗振宇在 2016 年的跨年演讲“智能革命”的其中一节中，也引用预测数据表明：未来大量的工作会被替代，在美国 42%的职业会消失，而在中国，这个数字是 70%。如果你现在所有的优势是附着在某种职业技能上，例如开车、做手术，你就会被替代。

如果技术团队的领导者仅仅把团队成员看作必要的资源，确保他们按照已有的流程进行工作，达到既定的 KPI 和组织目标，那么在当下这样一个互联网和人工智能时代，这类工作的价值会快速地下降，甚至有一天这样的管理者也会被机器和算法取代。而只有将自己定位为一名领导者，真正去关注“人”这个最重要的因素，激发人的能力提升、激活每一个个体和团队的创新和创造力，从而创造更大的价值，进行开创性的事业，才能确保在技术“指数型”进化的未来，仍然站在价值的高地不被淹没。

读到这里，对于一个从技术到管理的新人，可能心中对于“什么是领导力？”“技术型领导者面临的最大挑战是什么？”“为什么要从技术团队管理者进一步成为技术型领导者？”这些疑惑都有了一定的答案。那么，下一个问题就是：如何能够更顺利地完成从技术人员到技术型管理者，再进一步到技术型领导者的转变呢？这就是本书将深入探讨的技术型领导者的“道”和“法”。

1.4 技术型领导者之“术”

“领导力是科学还是艺术？领导力是可以学习和传授的吗？”对这个问题不同的人会有不同的理解。但是，绝大多数人都认可的是，领导力既有科学的部分，也有艺术的部分。这就意味着，对于领导力中科学的部分，是可以总结为可复制的流程和步骤，并且是可以被传授的；而对于领导力中艺术的部分，那就如老子所谓的“道可道，非常道”，需要时间和经验的积累，从而获得某一瞬间的“顿悟时刻”。《好领导可以教出来》一书的作者莎伦 · 达洛兹 · 帕克斯（Sharon Daloz Park）认为，出色的领导者是天生的，但是领导力可以传授；樊登在其《可复制的领导力》一书中也指出，领导力不是天赋，而是一系列工具，每个人都能够学会。

提供一套基于科学理论和实证经验的解决方案

本书内容，就是对可传授的领导力的一次总结尝试。第 2 章对“团队制胜六步工作法”（简称“六步工作法”）进行了概括性的介绍。从第 3 章开始，用 14 章内容详细解析“六步工作法”的 14 个提升技术团队领导力的工具（简称“领导力工具”）。每一个领导力工具都是在理论研究和实证经验的基础之上总结而来，笔者力求每一个工具都具有更广泛的适应性。

给出可复制的实施步骤

我们深知，“知易行难”是提升领导力的最大障碍，因此本书对每一个领导力工具，都给出了可复制的实施步骤。刚刚从技术转型到管理的新人，初次使用本书中的领导力工具时，可以参照书中的实施步骤。而在使用一段时间之后，则可以根据实际情况进行调整和改进。

提供模式应用案例

本书在讲解每一个领导力工具时，都会为读者提供实际的模式应用案例，既可以帮助初次使用者更好地掌握相应的领导力工具，也提供了该领导力工具有效性的实例证明。

对于本书中的 14 个领导力工具，读者既可以选择按照顺序进行阅读和学习，也可以根据遇到的问题，按图索骥，比对每章中的“问题描述”，按照工具书的方式使用本书去获取解决方案。

第 2 章　突破自我，团队制胜的模式

“所有的模型都是错的，但是有些却是有用的。”

——[英]乔治 · 博克斯（George Box）

所谓模型，就是对实际事物的一种抽象。但事实上，影响实际事物的因素是多种多样的。一个模型只能反映事物发展的一部分影响因素，而不是所有因素。但事物的发展有些时候的确是由不显著因素影响的，比如混沌。这也许就是乔治 · 博克斯所谓“所有的模型都是错的”的原因。然而，即便如此，我们却不能停止去寻找事物发展中的主要矛盾和主要规律，并将其抽象成为一些模型，也就是道家学说中提到的“道”和“法”。这是因为，“道”抓住了主要矛盾和主要规律，而“法”则提供了一个以一定的流程顺序和模式进行结构性思维的有力工具。有了“道”和“法”，就能让我们找到复杂问题的抓手，从不同的视角进行分析，并选择恰当的方法和手段得以高效达到既定目标。这就是乔治 · 博克斯所谓的“有些（模型）却是有用的”的原因。

有一个非常有趣的例子可以生动地说明“道”和“法”的重要性。图 1 中有 1 个由 16 根火柴棍组成的图形，现在只允许移动其中的 2 根火柴，并且要求火柴棍不能重叠，目标是将此图形变为 4 个独立的、大小相同的正方形。这个智力题是我们在“团队制胜”的培训中每次都会使用的题目，这个题目就好比一个从技术到管理的新人可能会遇到的各种领导力问题。如果我们没有一些“道”和“法”，那就像我们每次在培训中看到的一样，学员看到题目之后，不假思索就立刻开始了各种移动火柴棍的尝试。但是，如果用这种无结构化的方式尝试去寻找答案，那么我们需要在 7 200 种可能的移动组合（16×6×15×5）中随机地寻找到最后的答案。虽然这种方法不是不可能找到最后答案，但是毋

庸置疑，这是最低效的策略。所以，我们发现第一次做这个题目时，大部分随机尝试的学员很难在 10 分钟以内找到解决方案。

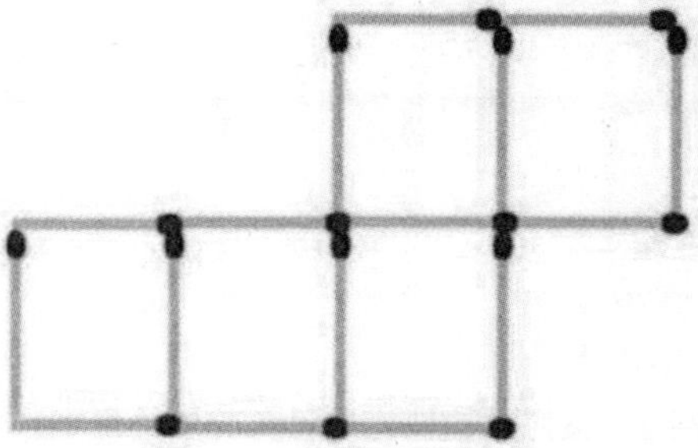

图 1　移动火柴的智力题

但如果我们掌握了一些结构性思维的“道”和“法”，那我们解决问题的效率将大大提高。例如，如果我们有了“明确目标”—“发现差距”—“选择方案”—“落地实施”的问题解决模型，那么情况会如何呢？

首先是“明确目标”。题目中说使用 16 根火柴棍组合成 4 个独立的、大小一致的正方形，我们首先确认这个目标是可以达成的。然后进入“发现差距”阶段。我们发现现有图形中的正方形有些是共用边的，而在目标图形中，是不能有共用边的；再进一步，由于只能移动 2 根火柴，那么在现有图形中，最外侧的那些有三条边没有和其他正方形共享的正方形是不能被破坏的——因为移动这些正方形中任意 2 根火柴，都将破坏这些正方形的完整性。因此，有三个把边的正方形是不需要移动的（也就是说它们不是“差距”），一共有 12 根。到这里，“去除公用边”和“不能移动把边的火柴棍”就成为现状和目标之间的差距。接下来进入“选择方案”，也就是选择移动哪些火柴棍。基于之前已经识别的差距，现在仅仅剩下 4 根火柴棍（16-12=4）可以移动，也就是说，理论上可能的移动方案已经从之前的 7 200 种下降到了 360 种（4×6×3×5）。最后，进入“落地实施”阶段。当可以移动的火柴棍降低到只有 4 根的时候，我们在培训中的经验证明，大部分学员都能非常快地发现最后的解决方案（如图 2 所示）。

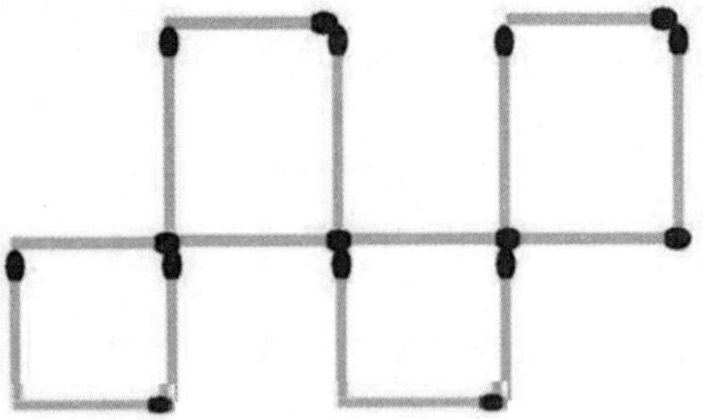

图 2　按照结构性思维思考的解决方案

同样，针对从技术到管理的新人，在新的角色上，也将面临各种各样新的问题和挑战。如果没有一个模型、流程（“道”和“法”）和工具（“术”），那么这个转变过程将变得困难重重，所需要的时间也会更长且结果不可控。因此，基于我们自己、我们的同事，以及社区朋友们的优秀实践和经验，我们总结出了一套结构化的提升领导力的工具和方法，我们称之为：

团队制胜六步工作法（简称“六步工作法”）。

这个“六步工作法”不仅能帮助从技术到管理的新人有一个更加轻松和更易于成功的开始，也会给那些已经有一定经验的领导者，以一个新的视角对已有的管理经验进行系统的总结。同时，为了让“六步工作法”更加具有可操作性，我们还为每一步中反复出现的领导力问题，提供了一系列切实可行的、被验证有效的解决方案，即领导力模式和招式，以及这些模式的应用实例。

2.1　团队制胜六步工作法

图 3 中展示了“团队制胜六步工作法”的工作流程。在接下来的章节中，我们将对“六步工作法”中的每一步进行更为详细的介绍。

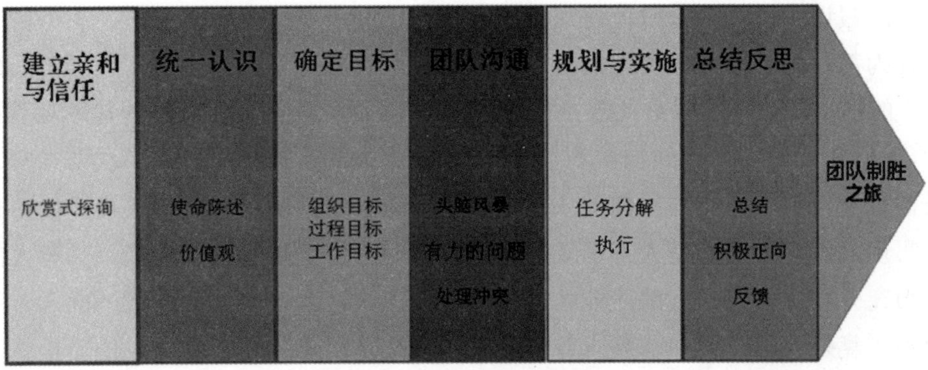

图 3　团队制胜六步工作法

在进入具体的六步流程之前，我们想先谈一谈能够促使“团队制胜六步工作法”发挥最大效用的三条非常重要的原则。

原则 1：人的问题是技术团队最根本的问题

正如作者汤姆 · 迪马可在著名的《人件》贯穿全书的主题中说的：“……我们工作的主要问题，与其说是技术性的，不如说更多的是社会性的。”作为技术团队的管理者，我们往往会陷入一种典型的、注定失败的管理方式中：将技术团队中的人当作固定的模块来进行管理。实际上，如果我们研究那些失败的技术项目，极少的项目是因为单纯的技术问题导致的失败。大多数的技术团队领导者都坦言，他们对人的担心更甚于对技术的担心。但他们很少以此种方式去管理，他们的管理方式总是视技术为主要关注点，而最重要的与人相关的要素却被放到了最低优先级。

人的因素是“团队制胜六步工作法”最重要的根基。这也正是我们将“建立亲和与信任”作为第一步的原因。无论是经典的对“影响力”的心理学的研究发现，还是近年来火热的“团队教练”技术，都将团队成员之间信任和亲和的建立作为非常重要的先决条件。更多关于如何建立亲和与信任的模式和招式，将在本书的第二部分中进行讨论。

原则 2：团队中每个成员都是不错的

传统上，管理学中对组织中的人有四种基本的假设，分别是：“经济人假设”“社会人假设”“自我实现人假设”和“复杂人假设”。管理者需要根据对团队成员的假设，采取不同的管理策略和方法。其中，“经济人假设”认为，人的一切行为都是为了最大限度地满足自己的私利（X 理论概括地说明了“经济人假设”的基本观点，泰罗是此观点的典型代表）。而“社会人假设”的基本观点认为，人们在工作中得到的物质利益，对于调动人们的生产积极性只有次要意义，人们最重视在工作中与周围的人友好相处。霍桑实验的主持者梅奥提出的“自我实现人假设”指的是人都需要发挥自己的潜力，表现自己的才能，只有人的潜力充分发挥出来，人的才能才会充分表现出来，人才会感到最大的满意。第四种“复杂人假设”并非要求管理者采取完全不同于上述三种假设的新措施，而是要求根据个体的不同情况，灵活地采取不同的管理措施。也就是说，要因人而异，因事而异，因时而异地实行富有弹性的领导与管理。

在“团队制胜六步工作法”中，我们并非基于上述四种基本假设中的某个单一假设，相反，我们提出的是在这四种基本假设中共同的原则：团队中每个成员都是不错的。这里说的“不错”，是一个中性并偏向褒义的评价（而非贬义或者特别褒义的评价）。每个团队成员都是不错的，意味着：每个团队成员拥有能够让他们达到自己所期望的目标的所有资源，每个团队成员的行为背后都有一个正向动机，团队成员自身的变化是不可避免的。其实，这些原则也贯穿在传统管理学中对人的基本假设中。无论是对于“经济人假设”中满足自己的私利的出发点，还是“社会人假设”中重视与周围人友好相处，这些都是团队成员行为背后正向的动机。在“自我实现人假设”中，人有发挥自己潜力的需求，也就会找寻各种机会或者资源去促使这个意愿达到，这与我们提到的“每个成员都有能够让其达到其目标所需资源”的原则也是一致的。

当领导者在和团队成员的协作中秉持“每个团队成员都是不错的”这样的原则，其效果往往是让人吃惊的。因为当我们使用中性或者正向的视角去看待团队成员，团队成员往往会变得更加正向（想一想你是如何和孩子相处的吧？批评往往会导致逆反，而激励和赞赏往往会带来更大的积极变化）。你会看到，这个原则也将贯穿于我们“六步工作法”的模式和招式当中。

被誉为“现代催眠之父”的心理治疗大师米尔顿 · 埃里克森有一个非常著名的关于人性的五条原则，分别是：

——每个人都是不错的（People are OK）；

——人们拥有达到其目标所需的所有资源（People has all the resource within them to achieve what they want）；

——每个人当下所做的决定都是最好的选择（People always make the best choice they can at the time）；

——每个行为背后都有一个正向的动机（Every behavior has a positive intention）；

——变化是不可避免的（Change is inevitable）。

这五条原则看似简单，却蕴含着极大的智慧，能够帮助领导力的提升。例如，对某些领导者而言，内心总是认为“有些团队成员是不怎么样的，要么是绩效有问题，要么是态度有问题，所以需要对其进行管理”。这样的想法导致的就是“命令式”的管理风格。实践经验证明，“命令式”的管理风格往往是导致员工满意度下降的重要原因。而当领导者转变思维，从“每个人都是不错的”角度出发，再加上坚信“人们拥有达到其目标所需的所有资源”，那么自然而然地就会将领导风格从“命令式”转换为“教练式”或者“支持式”，目标是帮助团队成员激发内在的能动性和能量。这样的领导方式能够充分激发员工的自主能动性，从而变“我被要求做”的被动态度为“我想获得提升，实现我的承诺”的主动态度。相应地，这样的员工的绩效一定比“命令式”管理下的员工的绩效高。得到这一切所需要的，仅仅是领导者思维上的一个小小改变。

原则 3：能简单决不复杂

这个原则本身看似简单，然而却是非常重要的思维方式的转变，是确保“团队制胜六步工作法”，以及相应模式和招式能够发挥最大效用的关键。例如，模式的应用，无论是在软件领域的设计模式，还是琳达（Linda Rising）博士在组织变革领域引入的变革模式，都是将复杂的问题抽象和简单化。简单的模式更加易于实施和奏效，这也是我们尝试总结领导力模式的原因。

“能简单决不复杂”的理念，还体现在“六步工作法”的每一步。也就是，如果希望解决一个技术团队的领导力困境，提升团队整体的绩效，解决方法应该从哪里入手？是从人的因素（包括知识和技能、个人能力和动机）入手，还是从环境的因素（数据，资源、流程和奖励与激励）入手呢？实践证明，从人的因素入手，往往导致比较复杂的解决方案；而从环境的因素入手，往往可以找到较为简单且投入/产出效用比较高的解决方案。所以，在接下来的领导力模式和招式中，很多解决方案都是从环境因素入手。

然而，这并不意味着人的因素不重要，正如我们在第一个原则中提到的，在技术团队中，人的问题其实是最根本的问题。选择从环境因素入手，是因为实践证明环境因素的改变会引发人的因素的改变，例如，一个极大简化了的流程（环境因素）会促使团队成员更有意愿去遵守（个人动机）。另一方面，即使针对人的因素的解决方案，也应该秉持“能简单决不复杂”的原则。例如，“建立亲和与信任”中的领导力招式“工作之外”就是一个从人的因素入手的解决方案。你会发现，在这个招式中，我们同样为“工作之外”提供了一套简单易用的环境因素，包括流程、检查单、可供选择的话题和问题列表等。

有了这些原则作为基础，接下来就可以来看一看“团队制胜六步工作法”中每一步的具体内容了。

2.2 “六步工作法”第一步——建立亲和与信任

提到“亲和”，早在《史记·五帝本纪》中便有“契主司徒，百姓亲和”的记载。在现代心理学的研究中，亲和是人类个体因为害怕孤独，因而希望与他人组成一个群体，建立协作和友好联系的一种心理倾向。在团队中，亲和的作用包括满足团队成员个体的社会性需求。例如交往，沟通，以及爱的需求，获得更多对个体的发展有价值的信息和支持，以及通过分享成功的喜悦和分担失败的痛苦从而减轻个体的心理压力。我们提到团队的“信任”，并非指我们通常所谓的基于某人过往行为而对他未来行为的预测，而是指在团队成员之间、管理者和团队成员之间，是否能够充分地相信对方，敢于暴露自己的不足，并且无须在团队协作中有太多自我保护，因为每个成员都有信心，相信其他成员的所有行为或者反馈都是出于好意。实际上，在这二者的背后，共同的目的都是为了建立团队成员之间的有效连接。

为什么团队成员之间的有效连接如此重要呢？我们首先回到团队的定义。管理学家斯蒂芬 · P · 罗宾斯认为：团队就是由两个或者两个以上的、相互作用、相互依赖的个体，为了特定目标而按照一定规则结合在一起的组织。在团队的五个构成要素——目标（Purpose）、人（People）、定位（Positioning）、权限（Permission），以及计划（Plan）之中，人与人之间的沟通和协作是极其重要的一环。而建立团队成员之间的有效连接就是为了提升沟通的效率，以及降低协作中可能出现的问题。研究证明，沟通是影响团队执行力中最大的障碍，而影响沟通效率的三个因素（个人因素、人际因素和结构因素）中，人际因素则主要包括沟通双方的相互信任程度和相似程度。因此，提升沟通双方的相互信任程度和相似程度，也就是我们这里说的建立有效连接，可以大大提升团队的沟通效率。

特百惠家庭聚会，就是一个非常好的例子。在特百惠家庭聚会中，主办聚会的女主人邀请她的朋友到家里来看特百惠保鲜盒产品展示，并作为使用者向朋友们介绍自己的使用经验。虽然现场的特百惠推销员讨人喜欢，说服力也很强，但是这个陌生人并不会向参加聚会的其他家庭主妇提出购买请求；负责销售这件事的，是主办这次家庭聚会的女主人。事实上，虽然人人都知道在这次聚会上每卖出一件产品，女主人都可以从中抽成，但是让销售研究人员吃惊的是，特百惠的这种销售方法让其日销售额超过了 250 万美元！究其原因，就是因为女主人和参加聚会的其他家庭主妇间作为朋友的信任程度大大提升了销售沟通的效率，也使得双方更倾向于协作。

研究同样证明，沟通双方相似程度也会极大影响沟通的结果。例如，在一个心理学的实验中，实验人员在大学校园中寻找大学生借用手机打电话。倘若实验者与学生的打扮相似，这个要求得到满足的概率为三分之二；而当二者的穿着风格不同的时候，学生们愿意出借手机的概率不到一半。这些例子都证明了通过提升沟通双方的信任程度和相似程度，沟通的效率（传递有效信息，达成协作）都能够得到提升，而这也是提升团队成员间沟通效率的关键所在。因此，在“六步工作法”中，第一步，也是非常重要的一步，就是建立亲和与信任。而在这一步对应的模式中，着力点是如何提升团队成员间的相互信任和相似程度。

在实践中，这一步往往被大多数技术团队所忽略，大多数领导者更倾向于认为应该专注于“做事”，而不应该花费时间在“建立亲和与信任”这类看似无关的事情上。然而，正如《人件》一书中提到的，技术性企业的大部分问题都可以归结为沟通的问题。如果没有把顺畅沟通的问题解决，那么提升团队绩效也只能是空中楼阁。

在这一部分，我们将分享两个和“建立亲和与信任”相关的模式。

1. 工作之外

通过管理者和团队成员对工作以外个人背景、经历、长处和弱点等问题的分享，尝试建立基于暴露弱点的信任，以及发掘成员之间更多的相似性。

2. 善用性格测评工具

通过管理者和团队成员（或者团队成员之间）进行性格测评报告的分享（例如 MBTI 或者 Disc），利用结构化的方式对彼此的性格和行为特点进行较为深入的相互了解。

2.3 “六步工作法”第二步——统一认知

在建立了亲和与信任之后，接下来团队就可以开始为实现共同的目标而一起努力了。然而，在设定具体的目标之前，非常重要的一项团队任务就是统一认知，即让团队成员统一对团队所做工作意义的认知。心理学的研究表明，每一件和我们人生有关系的事情，我们都会赋予其一些意义。然而人生中那么多事情，我们是如何分辨哪些是对人生有深远影响，哪些是短暂不足道的呢？团队领导者应该如何帮助团队成员建立对团队所做工作意义的认知呢？这个问题，神经语言程序学已经给出了一个非常好的模型——逻辑层次。

逻辑层次是神经语言程序学界的大师罗伯特 · 迪尔茨根据人类学家格里高利 · 贝特森提出的学习与变革的逻辑层次整理出来的，也是神经语言程序学发展过程中最具影响力的理论之一。

如图 4 所示，逻辑层次理论把我们的大脑在思考、决策和处理事情时的思维分为六个不同的层次，称为思维逻辑层次。思维逻辑层次分为上三层和下三层，其特点是越往下的层次（例如下三层）往往更加外化，更易于改变，就像冰山露出水面的部分；而越往上的层次（例如上三层）则更加内化，更加不容易把握，就好似冰山隐藏在水面之下的部分。然而，上三层的逻辑层次实际上决定了一个人对下三层的描述和理解。

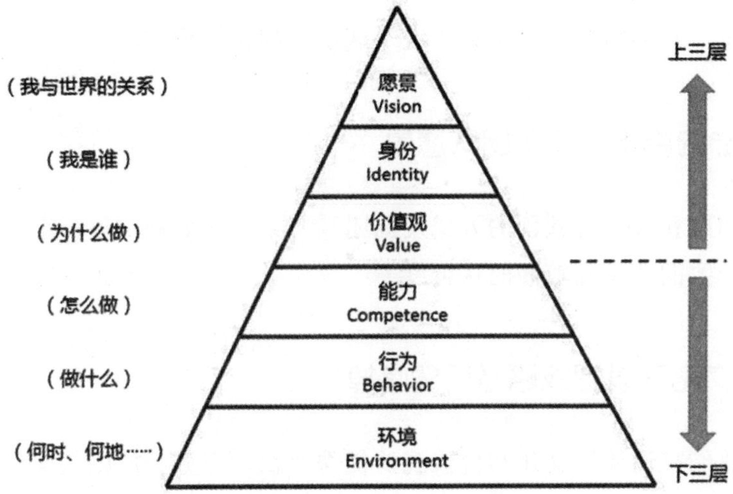

图 4 逻辑层次

例如，公司或者团队的价值观实际上会在潜移默化中影响员工或者团队成员的行为。笔者所在的诺基亚公司的四条价值观中，第一条就是尊重。当员工理解并认同这个价值观之后，我们发现团队成员在工作中，即使出现了冲突或者扯皮，大家都能倾向于在相互尊重的前提下进行沟通和协作。又例如，团队成员对身份的理解也会影响其能力的发展。一个非常好的案例来自开发了著名游戏"半条命（Half-Life）"的维尔福软件公司（Valve）。在这家美国的游戏公司里，员工可以自己决定自己的职位名称（Title），例如"极客程序员（Programming Geek）"或者"优雅软件架构师（Elegant Software Architect）"。有趣的是，当该公司的员工给自己设置了某个职位名称之后，事实表明他们会自发地重视在相应方面能力的提升。比如"极客程序员"会对整洁代码的能力进行刻意的提升，而"优雅软件架构师"往往会在设计能力上精益求精。这就说明，团队成员的自我身份认同会极大地影响其能力的发展。

然而，在实际的软件团队（技术团队）中，领导者往往会忽视逻辑层次中上三层的部分，而把更多的精力关注在了下三层更加外化而易于把握的领域，例如流程的建设和梳理，规划的制定和执行，员工培训和能力提升等。这么做在团队建设前期往往看起来效果不错，但是在团队发展到一定阶段，忽略上三层所带来的不可持续问题就会显现出来，而此时再去“补课”，其代价远比一开始就关注上三层的投入要大得多。

在这里，我们将讨论三个和“统一认识”相关的模式。

1. 你的愿景，还是团队愿景

通过团队和领导者共创的方式发掘团队愿景，从而确保每一个团队成员对愿景都有一致的认识和较高的认可度

2. 文化可以把战略当早餐吃掉

通过总结打造团队文化和价值观的优秀实践，充分释放团队文化在高效团队建设中的“黏合剂”和“催化剂”的作用。

3. 用广而告之的方式展示愿景

解决如何让无形的愿景变得“看得见”“摸得着”“能落地”的问题。

2.4 “六步工作法”第三步——确定目标

在著名的时间管理图书《吃掉那只青蛙》中，有一个发人深省的论断：“最糟糕的时间管理方法，就是将毫无意义的事情做得非常圆满”，这说明了确定正确和清晰的目标在时间管理中的重要性。同样，对于团队领导者而言，明确目标也是首要任务之一。关于明确目标的重要性，已经有非常多的论述，这里不再

赘述。在这里，我们利用《高效能人士的七个习惯》中史蒂芬·柯维所说的“以终为始”这一工作习惯，从另外一个视角去审视明确目标的重要性。

“以终为始”，是一个非常重要的原则。事物的创造过程，一般包括头脑中的构思（第一次创造）和体力上的付诸实践（第二次创造）。以建筑为例，在拿起工具建造之前，必须先有详尽的设计图；而绘制设计图之前，需要先在脑海中构思每一细节（第一次创造）；有了设计图，然后有施工计划，这样按部就班，才能完成建筑（第二次创造）。假使设计稍有缺失，弥补起来，可能就事倍功半。设计蓝图代表愿景，整个建筑过程均以它为准绳，因此，宁可事先追求尽善尽美，以免亡羊补牢。

这同样适用于高效团队的建设。为团队制定正确和清晰的目标，与一丝不苟地执行本身一样重要。然而，在实践中，无论是团队领导者还是团队成员，往往都会对“怎么做”和执行本身更加重视，而忽略了“做什么”的目标。例如，在敏捷（Agile）软件团队中，需求讨论会议往往会从明确客户需要什么（软件开发的目标）不知不觉演变成为讨论怎么实现客户需求（软件开发的实施），这也是导致在软件开发后期出现开发的软件和客户需求有偏差从而需要返工的主要原因。

在“团队制胜六步工作法”中，领导者在具体执行第五步“规划与实施”之前，非常重要的一步就是确定什么是“正确的事”，即确定目标。在这里，我们将讨论两个与目标确定相关的模式。

1. 金字塔原理与目标制定

通过将金字塔原理“结论先行、以上统下、归类分组、逻辑递进”运用在目标制定领域，将目标按照不同的层次划分，从而实现按照从上至下，逐步求精的方式更全面和系统的进行目标分解和设定。同时，本模式也展示了为每一个目标确定“验收标准”（Acceptance Criteria）的重要性。

2. 聪明的 KPI

聪明的 KPI（Smart KPI）展示了如何将当下流行的先导性指标（Leading

Indicator）、滞后性指标（Lagging Indicator）和目标和关键成果法（Objective and Key Results，本书以下简称“OKR”）理念有效地应用在目标制定领域。

2.5 “六步工作法”第四步——团队沟通

《人件》一书指出：“……软件团队的问题归根结底都是沟通的问题”。事实上，经历的软件项目越多（无论是成功还是失败的项目），就会越发认可这个论断。在经典的沟通模型中，影响沟通效果的七大因素包括：

——信息发布者（Speaker）;

——信息接受者（Listener）;

——信息（Message）;

——沟通渠道（Channel）;

——反馈（Feedback）;

——沟通中的干扰（Interference）;

——沟通所发生的情景（Situation）。

上述任何一个环节出现问题，都会导致沟通效果大打折扣。例如，在敏捷软件团队中，当产品经理（Product Owner）和研发团队就需求在梳理会议上进行讨论时，常常出现的问题是，产品经理使用的是客户的视角和语言描述软件应该交付时的功能，而研发团队往往会直接进入到软件应该如何去实现的细节。这样的沟通出现的结果就是由于双方使用的语言和关注的焦点不同，而导致无法达成一致，或者对同一问题的理解出现较大偏差，这也是敏捷软件团队出现软件缺陷（Defect）的非常重要的原因。

再例如，由于软件团队普遍存在的“编而优则仕”的现象，优秀的软件程序员被提拔为管理者之后，仍然习惯性地对沟通中的信息本身非常看重，而忽略了人与人之间沟通和人与机器间沟通（例如编写程序）的最大不同——即人与人沟通中的非语言性反馈——从而影响了与团队成员之间沟通的效率。再考虑到多人团队中存在的指数级增长的沟通需求（例如，一个 N 个人的团队，如果仅仅考虑团队中两人组成的沟通渠道，就有 $N \times (N-1)$条之多；假设再加上多人组成的沟通渠道，一个团队存在的沟通需求将非常之多）。团队沟通的有效性，将是决定团队协作效率最为重要的因素之一。因此，在这一部分我们将就如何提升团队沟通的效率，提供以下几个行之有效的模式。

1. 反馈而非评估

通过充分利用频度较高、团队成员更易于接受的建设性反馈谈话，弥补频度较低、团队成员天生具有抵触情绪的评估谈话（例如绩效评估），从而达到建立软件团队领导者和团队成员之间有效、及时和富于建设性的沟通渠道的目标。

2. 用有力的问题帮助他人找到顿悟时刻

基于最新的大脑神经科学的研究结果，通过一系列“有力的问题”，帮助团队成员更多关注可能的解决方案而非问题本身，从而获得更多具有创新性或者更有效的解决方案，即 1 + 1 > 2。

3. 表达感谢

这个被拿破仑称为“最神奇的发现，最有力的工具”，作为成本最低却成效显著的团队沟通工具，值得每一位技术团队的领导者经常去使用。

2.6 “六步工作法”第五步——规划与实施

美国前总统艾森豪威尔将军曾有过一句名言：计划书没有用，但是计划过程本身却至关重要（A plan is nothing, planning is everything）。在技术研发过程中，“唯一不变的就是变化总会发生”。作为一个团队领导者，必须充分认识到计划书在完成的那一刻也许就意味着已经“过时”（因为变化可能依然发生）；但是定计划的过程本身，却是非常重要的，可以让团队领导者和团队成员一起对目标进行再次澄清、对资源（时间和资金）进行初步分配，并对可能存在的风险和应对方案进行识别。

拿破仑在每一次战役之前都会做一份详尽的计划，然而并不是每一次战役都会按照原来既定的“剧本”来进行。拿破仑的解释是：“大战之前唯一能够掌控的就是计划。先把打算怎么打仗计划好，然后按照这个计划、这样的战略去做。至于实际上是怎么样的，只能临场应变，没有别的办法。”这既是拿破仑在战场上成功的秘诀，也和今天我们软件研发中广泛使用的敏捷思想中的迭代规划、渐进渐明的理念有异曲同工之妙。同时，当意识到实际情况的发展往往会偏离原先的计划时，一系列能够及时反映和监控软件项目执行的实时情况，对偏差进行预警，以及最终对计划执行情况进行评估的观测指标就显得尤为重要。

在“规划与实施”这一部分，我们将提供两个帮助软件团队达到绩效提升的规划模式。

1. 看板[①]助力敏捷规划

该模式展示了如何将看板这一敏捷实践中的“可视化工作流”“减少未完成工作的浪费”“关注工作流，而非完美的计划”的优秀管理思想应用于目标制定中，帮助团队更好地制定敏捷规划，从而达到提升团队工作产出，并且促进持续提升的目的。

2. 用结构化思维让规划更优化

该模式通过将“结构性思维”工具应用在目标制定领域，从而助力团队的规划制定更加优化，达到“目标明确”“层级清晰的结构化思考”，以及“上下对应”的目标。

① 看板（Kanban），源自日文，最初是丰田汽车公司开发的，用于工序间传递物流和信息流的可视化管理工具。在软件敏捷开发中，看板的可视化管理理念被借鉴，主要用于进行研发过程管理，记录细节和过程等。

2.7　“六步工作法”第六步——总结反思

黑格尔曾经说过：“历史给我们的教训，就是我们根本没有从历史中得到过任何教训（We learn from history that we do not learn from history）”。

只有不断对已经实施的计划进行评估、总计和反思，才能总结出那些帮助目标达成的积极原因，以及识别出阻碍目标实现的因素，进而系统化地达到持续改进的目的。在全面质量管理（Total Quality Management，简称 TQM）体系中，戴明提出的 PDCA（Plan-Do-Check-Act）[①]管理循环，也强调了对已经实施的行动计划进行结果评估，然后对存在的质量问题进行改进的技术。同样，在敏捷软件开发及当前热门的 DevOps（DevOps 是 Development 和 Operations 的组合词，它是一系列的新的过程、方法与系统的统称，用于促进开发、技术运营和质量保障部门之间的沟通、协作与整合。）实践中，都强调了快速获得反馈（无论是持续集成系统的反馈，还是产品经理或者客户对交付软件的反馈）对持续改进软件交付质量和效率的重要性。然而，在软件团队的实际运行中，总结反思环节往往会变成流于形式的“冗余环节”，甚至是团队在需要提升效率时第一个考虑省掉的环节。究其原因，很多时候是由于技术团队领导者没能正确地引导团队成员认识到总结反思的价值，或者是没能指导团队成员使用合适的总结反思技术，没能使这个环节成为有趣的、发人深思和激发灵感的“体验”。因此，在这一部分，我们将介绍以下激活团队总结反思环节的模式。

1.　保持—提升—停止（KFC）总结法

保持—提升—停止总结法（Keep-Fix-Cease，本书以下简称 KFC 总结法），提供了一套用积极的眼光去回顾和改进的方法，让团队改变一提到“总结反思”就是找问题的惯性思维。

---

① 详见本书第 8 章 8.2 节相关内容。

2. 着眼未来，而非过去

该模式把基于脑神经科学的“增长型思维（Growth Mindset）”融入敏捷软件开发团队的回顾反思会议，通过将关注过去或者问题导向的思维转换为关注未来或者解决方案导向的思维，帮助团队实现从“固定型思维”到“增长型思维”的转变。Futurespective 这一新创的组合词，代表展望未来；而 Retrospective，在敏捷规划中，则意为回顾过去。

第二部分

模式思维练就领导力

1990年4月23日，耗时15年，耗资17亿美元，成千上万人付出了辛勤劳动的哈勃望远镜终于在美国国家航空航天局（英文简称：NASA）的肯尼迪航天中心发射升空。然而几天后的事实无奈地表明，哈勃望远镜的镜片承包商在制造过程中犯了一个非常低级的错误，导致镜片出现了球面像差这样的瑕疵，而使得昂贵的哈勃望远镜无法正常工作。之后调查委员会的报告中指出，哈勃望远镜的镜片承包商早在出厂前的测试中，就已经发现了镜片有瑕疵的迹象。但是由于承包商与NASA管理者之间的敌对情绪，导致他们在出现技术问题时，不愿通知NASA，因为他们厌倦了被指责……

如此惨痛的教训，让领导哈勃望远镜修复项目的查理·佩勒林博士总结出了 4D 系统（4D System），用以打造卓越的团队，也让我们清晰地意识到影响团队提升绩效非常重要，但往往被我们所忽略的一个因素——组成团队的每个人相互之间的沟通。

本书从第 3 章开始将用 14 章的篇幅详细地解析 14 个领导力工具。每一个工具的设计都是基于问题导向的，通过对实践中有效经验的总结，提炼为可复制、可学习的领导力工具。每一章都会由“问题描述”开始，描述技术型领导者可能会遇到的挑战和难题。

这些领导力工具，都是针对日常工作中真正会遇到的挑战而总结出的解决之道。

在第 3 章和第 4 章中，将介绍团队制胜“六步工作法”中的第一步，“建立亲和与信任”的模式：

- **工作之外**
- **善用性格测评工具**

第 3 章　“建立亲和与信任”的模式：工作之外

安德鲁在《提问的艺术：为什么你该这样问》一书中分享了他打开达美乐公司（Domino’s Pizza）创始人托马斯·S·莫纳亨（Thomas S. Monaghan）心灵密钥的故事。托马斯 1960 年在一间不足 4 米宽的房间里开始他的创业生涯，到 1998 年出售达美乐公司时，这间公司已经发展成为拥有 6256 家门店，13 万名员工的连锁餐饮巨头。托马斯决定卖掉达美乐公司，是为了能够专注他的第二职业——慈善事业。在慈善事业方面，托马斯创立了圣母颂大学（Ave Maria University）基金会并资助创建了圣母颂大学法律系，迄今为止，托马斯已经在慈善事业方面捐出了七八亿美元。

安德鲁有幸对托马斯进行过几次深入的采访。在某次采访中，他好奇地问托马斯：“汤姆，你一生中最大的成就是什么？”安德鲁以为听到的回答应该来自达美乐公司的创业之路或者在慈善事业上所获得的认可。但是，托马斯的回答却是：

“我一生中最大的成就，就是我申请参加美国海军陆战队被录用！”

“什么？汤姆，你一生最大的成就就是在海军陆战队服务的那些日子？”

“是的，它教会了我品格、自律，以及价值观，是它改变了我的人生。”

在接下来的几个小时里，两人一直在谈论海军陆战队那些改变了托马斯命运的日子。安德鲁和托马斯也在此次采访之后建立了深厚的友谊。

通常，作为一位从技术人员跨入技术团队管理的新人，往往延续的思维方式是“工作就是工作”。因为我们就是由于工作上的成绩才被提拔为技术团队领导者的。自然而然地，作为领导者之后的第一要务就是和下属迅速建立起良好的工作关系，然后期待一起在工作上继续创造佳绩。

但是，现实是这样吗？技术团队中的成员都会像古典经济学当中假设的“理性人”一样，迅速而直接地和他们的领导者建立起良好的工作关系，然后一起高效地运转，创造高绩效吗？

真实的情况是，如果一位新晋的技术团队领导者尝试用这种方式和团队成员建立连接，其结果往往是碰壁。究其原因，正是因为我们过分强调了人理性的一面，而忽视了人性中更为复杂的情感的、非理性的一面。正如从上面安德鲁和托马斯的故事中看到的，往往工作之外的事物，才是打开心灵、建立真正有效的连接的密钥。本章的模式“工作之外”，就是为了帮助技术团队领导者打开团队成员心灵，建立人和人之间情感的连接，为建立更高效和稳固的工作关系打下坚实基础。

3.1 问题描述

你刚刚从技术人员晋升为管理人员，或者是一位刚接手新的技术团队的领导者。你所面临的困境是如何快速建立和团队成员之间的信任和连接，从而构建良好的工作互动关系。你的目标是促使团队成员能够齐心协力达到高绩效。

兰西奥尼在《团队协作的五大障碍》中指出，“企业最根本的竞争优势既不是来自资本实力、发展战略，也不是来自技术，而是来自它的团队，因为一个优秀的团队是非常强大而且极其难得的。”然而，阻碍一个团队所有成员都齐心协力、目标一致、绩效优异的最主要原因，就是缺乏信任。这里所说的团队中的信任，不是我们通常所谓的基于某人过往行为而对他未来行为的预测，而是指在团队成员彼此之间、管理者和团队成员之间，能够充分地相信对方，敢于暴露自己的不足，并且无须在团队协作中有太多自我保护，每个成员都有信心相信，其他成员的所有行为或者反馈都是出于好意。只有建立起了这种信任，团队成员之间、团队领导者和成员之间才可能畅所欲言、不惧冲突、在开放的讨论中达成一致，并且敢于创新和尝试，从而实现团队的高绩效。这种基于暴露弱点的信任，正是一位技术团队领导者需要和团队建立的重要的关系。

建立基于暴露弱点的团队信任，难点就在于，人并非是纯理性的，人最重要的特质就是，他有复杂的情感和非理性的一面。而这个因素在以脑力劳动者为主的技术团队中，尤其需要领导者投以更多的重视。那么，我们怎样帮助技术团队领导者更快地建立信任呢？

3.2 解决方案和实施步骤

基于现代心理学的研究结果，并被我们自己和同行的经验验证行之有效的、能够帮助建立团队成员与管理者之间信任的实践包括：

——工作之外的个人背景介绍；

——团队领导勇于展示个人的不足；

——个性及行为特点测试、结果分享和团队讨论。

1. 工作之外的个人背景介绍

美国心理学家 Deutsch 于 1958 年通过著名的囚徒困境实验将信任研究引入到心理学领域，从而开启了心理学中对于信任建立的研究。心理学研究表明，影响信任建立的因素中，很重要的就是“相互之间的了解程度”。信任是建立在一定的相互了解基础之上的。团队领导者和团队成员之间信任的建立，也必须在一定的了解之后才会开始。而促进相互了解最重要的手段，就是对双方工作之外的个人背景的了解。

这项方案在实践中，可以是在一次轻松的午餐时，或者在第一次和新团队成员的一对一谈话中，又或者是第一次和新团队的见面会上，团队领导者和团队成员就工作之外的个人背景进行的一些介绍和互动。介绍的话题可以包括：自己的家乡、毕业的学校和专业、第一份工作、之前工作过的公司、爱好、家庭情况、个人有趣的经历等。往往在彼此介绍自己工作之外的背景时，团队领导者能够发现自己和团队成员间的某些相似性，比如毕业于同一所学校，或者都有一个可爱的男孩等。正如西奥迪尼博士在其《影响力》一书中揭示的："我们喜欢与自己相似的人，不管相似之处是在观点、个性、背景还是生活方式，我们总有这样的倾向。"而喜好正是建立信任非常重要的助推剂。

关于工作之外的个人背景介绍，让我记忆犹新的一个例子，是我在诺基亚参加的一次由英国的一家著名的咨询公司组织的领导力培训。在两天的培训中，经验丰富的培训师在讲到员工激励话题的时候，突然问所有参训者一个问题："作为一个团队领导者，你是否清楚地知道，你的团队成员是否结婚、是否有孩子。"正当大家都面面相觑于这个稍显私人的话题的时候，他继续说道："如果这两天的培训你什么都没有记住，那接下来的我的经验之谈你必须记住：如果你和你的下属没有建立这种工作之外的、私人化的关系（Relationship）和连接（Connection），那么信任、激励和高绩效，都将是空中楼阁。"

2. 团队领导者勇于展示个人的不足

"团队领导者勇于展示个人的不足"，听起来似乎充满了风险，并且和建立信任关系不大。事实上恰恰相反，我自己的经验及我收到的反馈证明，这非常有利于团队领导者和团队成员之间建立基于暴露弱点的信任。在实践中，我会在第一次和新团队成员进行一对一谈话中讨论这个话题："你能介绍一下你的三个优点和三个还可以做得更好的地方吗？我之后也会和你分享我自己的答案。"这么做，既降低团队成员的压力，因为对方有选择展示什么样的优点和不足的余地，同时也让团队领导者有机会逐步创建一种"在我们之间暴露不足不会有负面结果"的团队文化。这也是日后团队沟通中能够无惧冲突，团队成员能够大胆创新和承担犯错误的风险的前提。

瑞典声田（Spotify）公司的 CEO 打造"无惧犯错"的文化时说："既然错误不可避免，那我们就只需要比其他人更快地犯错并更快地改正错误。我们无须对犯错恐惧。"这一切，都是建立团队信任的基础，也是日后打造高绩效团队的基础。

3. 个性及行为特点测试、结果分享和团队讨论

“个性及行为特点测试、结果分享和团队讨论”，作为建立信任的另一重要手段，我们将在“善用性格测评工具”一章中，进行更详细的介绍和讨论。

3.3 结果

“工作之外”这个模式可以帮助你在技术团队内部建立团队成员间、团队成员和管理者之间基于暴露弱点的信任。让团队成员相信同事的言行是出于好意，在团队中不必过分小心或者相互戒备，主动寻求帮助，愿意给别人提出反馈意见和帮助等。

3.4 模式应用案例

应用案例 1：凯瑟琳如何在她新就任的决策科技公司高管中建立信任

在《团队协作的五大障碍》这部管理著作中，兰西奥尼给我们讲述了凯瑟琳如何利用这一模式，成功地在决策科技公司中化解矛盾冲突，建立信任的实例。

……当 57 岁的凯瑟琳接替杰夫，担任决策科技公司 CEO 时，公司上下一片哗然。凯瑟琳不仅已经过了创造力最强的年龄，而且也没有拿得出手的教育背景。然而，在这家看似前景一片光明的公司，凯瑟琳要面对的是很多企业都会出现的问题：管理层互相倾轧，员工和上司离心离德。不仅如此，这家公司的问题似乎更突出，也更棘手。与竞争对手相比，他们掌握着更好更新的技术、更强大的董事会、更多的资金，但是整个公司的业绩和客户数量却远远落后于对手。凯瑟琳，一个没有技术背景，却拥有建立团队协作超常天赋的蓝领主管在众人怀疑的眼光中开始了她整合团队的历程。

第一次全体管理层都参加的会议，地点选择在了公司之外的纳帕谷，换一个环境，也许能够让所有人有些新的启发。凯瑟琳为这次管理层会议定下的第一个话题出乎所有人意料：

“在解决高难度的问题之前，我们先来聊一下个人经历方面的事吧。”

凯瑟琳告诉他们，每个人都要回答几个关于个人背景方面的问题，但问题本身不会让他们为难。随后她风趣地说：“记住，我想听你们儿时的经历，不是你们现在的童心未泯。”

决策科技有限公司的主管们一个接一个地回答了问题，包括家乡在哪里、家里有几个孩子、儿时的爱好、成长道路上的最大挑战和第一份工作。

几乎每个人的回答都是其他人所不了解的，许多人找到了之前从不知道的与同事的共同之处。

坚冰开始融化，信任开始萌芽。

应用案例 2：从技术到管理的新人如何做第一次员工一对一谈话

作为一个从技术到管理的新人，当你接手了你的第一个团队，并开始准备雄心勃勃地撸起袖子大干一场的时候，你突然发现好像还需要一次和新团队成员的一对一谈话。“从什么话题开始呢？是工作，还是生活？以什么策略去构建这次谈话呢？”这些一定是你脑海中冒出的问题。我们都知道“好的开始等于成功的一半”的道理，同样，对于一位新的技术团队管理者，有效的第一次一对一谈话也将是和团队愉快合作的重要基石。

下面是作者摸索出的一套在工作中实际使用过的，和新团队成员第一次一对一谈话的方案设计。实践的经验已经证明，按照这个结构进行的第一次员工一对一谈话，能够在轻松的氛围中，让双方更多地了解对方，建立起管理者和团队成员之间的亲和，以及基于暴露弱点的初步信任，为今后的协作打下坚实的基础。

技术团队领导者第一次与员工一对一谈话方案设计

第一部分：个人背景介绍（20 分钟）

这是一个看似轻松但又重要的开始，双方可以就一些非隐私的个人背景话题展开“聊天”。在这个看似“和工作无关的聊天”当中，双方可以有更多机会发现彼此的共同爱好和相似点，按照影响力理论，这将非常有助于双方建立基于喜爱的亲和。

【实例】可供参考的话题包括（但不限于）：家乡、大学经历、第一份工作、爱好、儿时或者在大学期间独特的经历或者挑战、家庭与孩子（如果愿意分享的话），等等。

第二部分：职业性格/行为测试结果分享和讨论（15 分钟）

常用的职业性格测试（例如 MBTI）或者职业行为测试（例如 DISC 性格测试，在第 4 章将进一步介绍 DISC 的概念），能够比较全面和客观地对团队成员的性格倾向和行为倾向进行量化分析。当我们以这些工具的测评结果为基础进行讨论时，将帮助我们更好地了解团队成员行为背后的原因，也能够帮助双方发现最能匹配对方特点的行为模式。

【实例】我会要求所有参加第一次一对一谈话的团队成员事先完成 DISC 测评，在这部分谈话的话题可以是类似这样的。

“接下来，我们会聊一聊 DISC 测评结果。测评结果显示，我是 I 型性格，反映在工作中的典型行为包括：我希望和团队成员之间有紧密的连接，希望创造性地解决出现的问题，并且期待和大家一起为团队的目标奋斗。我期待别人和我合作的方式是：开放地讨论，通过团队解决问题，如果有冲突，希望通过协商来缓解。你能否也向我介绍一下你的 DISC 性格类型，你在工作中的典型行为，以及你期待别人如何与你协作？”

第三部分：分享各自的强项和弱点（15 分钟）

作为团队领导者，坦诚地分享自己的一些强项和弱点，并婉转地邀请团队成员也进行分享，分享的内容以双方愿意暴露的程度决定。实践证明，即使双方分享的是看似无关痛痒的方面，但是敢于坦诚地在第一次一对一谈话去分享自己的强项和弱点，就是建立团队领导者和团队成员之间的“基于暴露弱点的信任”的开始。

【实例】我会这么开始这一部分的谈话:“我们已经了解了对方的一些背景信息，还讨论了基于 DISC 报告的行为特征和倾向，至此，我们已经了解到彼此很多之前都没有想到的方面，比如我们居然发现我们大学学的是一样的专业。那么接下来，我想我们是否可以进行一个更有趣的‘冒险’：我们尝试向对方分享一下我们愿意分享的两个强项和两个弱点。因为了解了对方的强项和弱点，在今后的合作中可以更好地发挥强项，同时也避免一些对对方无谓的猜测。不知道你是否愿意？”

第四部分：分享对团队领导者的期待（10 分钟）

为了让第一次的一对一谈话能够在愉快和正向的氛围中结束，最后一定需要有一个“展望未来”的环节，让团队成员分享对团队领导者的期待就是一个非常好的话题。充分利用“团队教练”技术中的开放性问题，让团队成员进入对未来场景的想象中，会极大提升团队成员对团队领导者本人，以及对这次一对一谈话整体的满意程度。

根据心理学研究的结果，这样一对一谈话，应该在一个有窗户，并且有自然采光的会议室里进行，同时两位参与者面朝的方向应该以 45°的夹角为最佳。这样的位置既避免了两人面面相觑的尴尬，也能让谈话的两个人随时可以看到对方，同时能够在需要思考的时候看向窗外或者远方。心理学的研究发现，这样的环境和位置设置能够最大程度地降低人的紧张感，同时促进开放性和创意性的思考。

【实例】我通常会这么开始这一部分的谈话:“非常感谢你能分享你的强项和弱点，我相信这样的坦诚一定能够让我们找寻到最佳的合作方式。在最后的 10 分钟里，我希望你能在脑海中想象一下你最期待的团队领导者，他有什么样的特质或者行为。如果你觉得在他的身上有三个最重要的特质或者行为，你觉得是什么？你的分享能帮助我知道我应该怎么去做，从而更符合你的期待。”

应用案例 3：“两个真话，一个假话”团队建设小游戏

团队建设是技术团队领导者经常使用的提升团队协作水平的工具。然而，除了一起吃饭、唱歌、玩“狼人杀”、旅游之外，还有什么能有效提升团队协作水平的有趣的方法吗？

我们在实际工作中，还会使用一个利用“工作之外”模式进行团队建设的小游戏——“两句真话，一句假话”。这个团队建设游戏并不需要什么道具，却能够让团队成员在欢声笑语中，发现其他团队成员平时不为人知的一些方面，发现彼此以前不知道的相似点，从而增进成员之间的亲和感。

团队建设小游戏：两句真话，一句假话

所需道具：无

参与人数：没有限制（建议是一个小于 20 人的基层团队）

游戏流程

（1） 通过某种形式选择一位团队成员（例如击鼓传花或者第一个人指定第二个人）。

（2） 被选定的团队成员向大家介绍自己的三件事情，其中必须有两件是真实的，一件是编造的。同时，这位团队成员可以对自己介绍的三件事情提供一些基本的介绍（可以是增加可信度，也可以是迷惑其他人）。

例如，某位同事是这么介绍自己的：

我小时候老家旁边有一条河，所以我从小就喜欢游泳；

我和我的妻子是大学同学；

我是本地一个小乐队的架子鼓手。

（3） 团队其他成员讨论并投票，从三件事情中选出大家认为是假的那一件。

（4） 当事人揭晓答案。

大家在欢笑声中发现，一起工作了很长时间的同事，竟然是“熟悉的陌生人”。

第 4 章 “建立亲和与信任”的模式：善用性格测评工具

罗伯特 · B · 西奥迪尼（Robert B. Cialdini）在《影响力》一书中提到过底特律一位叫作乔 · 吉拉德（Joe Girard）的雪佛兰汽车销售顾问。吉拉德特别擅长运用“喜好原理”进行汽车销售，每年的收入都超过 20 万美元。他连续 12 年赢得了“第一汽车销售员”的称号，平均每个工作日都可以卖掉 5 辆车，从而成为吉尼斯世界纪录中世界上“最伟大的汽车销售员”。当被问到为何能够取得如此大的成功时，吉拉德给出的答案却异常简单：公平的价格和一个让顾客喜欢的买车人。

“就是这么简单”。他在一次采访中说道：“通过观察，从而找出让顾客更加喜欢我的诀窍，再加上一个好价钱，把两者结合在一起，这笔生意就是你的了。”

例如，“如果在顾客的后备厢里看到了露营装备，那我就会在之后一有机会就提到自己也喜欢到远离城市喧嚣的地方去；如果顾客是一个偏向理性判断的人，那我就会在接下来的介绍中突出车辆数据和测评报告的信息。”

吉拉德的话听起来似乎很简单，但却透露了一个重要的信息：通过对顾客外在行为的观察和分析，找出其喜好和性格特征，此时，只要表现出任何一方面的相似性，就能博得顾客的好感。西奥迪尼博士的研究也表明，在心理学家和那些让人顺从和喜好的行家的“工具箱”中，最有影响力的就是“相似性”。

中国传统的中医通过“望闻问切”式的察言观色，就能对病人的病情有个大致的掌握；而西医强调的是通过化验和检查所获得的量化指标来对病人的病情获得更深入的了解。近年来，越来越多的医学专家开始认识到，中西医结合，也就是外部“察言观色”式的定性评估，与定量检查的结合，才是更全面地评估病人情况的方式。同样，作为技术团队领导者，如果希望更好地了解团队成员内在的人格和个性，以及外在的行为模式，从而更好地建立和员工的信任和亲和，也需要采取类似“察言观色”和“定量检查”相结合模式。这背后的秘密，就在于“相似性”这个工具。

在这一章中，我们将介绍如何利用几个性格测试工具为团队成员进行“个性和人格”体检，以及如何基于这些测评报告进行“望闻问切”，找到“相似性”，从而快速地和员工建立亲和与信任的关系。

4.1　问题描述

当你作为一个团队领导者，在使用了“工作之外”模式，初步打破了自己和团队成员之间那堵无形的“隔阂之墙”之后，你开始发现团队成员的行为和情绪表现出某种模式。同时，你也发现当你使用团队成员“乐于接受”的模式去进行沟通和协作时，效果往往是事半功倍；而当你没有“踩准鼓点”的时候，往往一件小事也会引发不必要的冲突。“为什么员工的行为和情绪会表现出某些模式？如何更好地了解员工的行为和情绪的模式？如何采取最有效的方式和员工建立亲和与信任？”你脑海中萦绕的这三个疑问，就是本章“善用性格测评工具”模式聚焦的核心问题。

真实案例

小王是某软件开发团队的技术骨干，因为对所负责的领域非常熟悉，大家有解决不了的技术难题或者客户现场的问题都会找小王帮助解决。作为典型的“工科男”，小王为了优化工作流程，制定了一条“求助规则”：所有希望小王帮助解决的问题，都需要通过一个 JIRA 系统提交申请（类似“工单”），小王会按照优先级在他空闲的时候逐一对问题进行处理。

某一次，部门里的一位现场技术支持经理小李因为遇到了一个棘手的客户现场问题，风风火火地找到小王寻求帮助。小李一见到小王就开始用和客户打交道的方式与小王套近乎，当小王告知他需要按照规则提交 JIRA 系统里的请求的时候，小李开始赔着笑脸希望小王能够看在问题紧急的份上，绕过规则，立即帮他看一看。实际上，对于小王这样的专家来说，这就是举手之劳就可以帮大忙的事；而小王却坚持需要按照规则提交 JIRA 申请。小李听闻，不经意地说了一句：“规则是死的，人是活的，这么重要的事情，你就不要那么死板，帮帮这个忙吧。”此时，一贯温和的小王居然拍了桌子，拂袖而去，留下一句话：“你可以选择不遵守规则，那我可以选择不和你合作！”

办公室里，只留下小李一脸茫然……

小李的一脸茫然，其实既是意料之外，也在意料之中。说“意料之中”，是因为早已有心理学的性格理论揭示了不同性格特质所表现出的不同的行为风格，如果我们不对对方的行为风格有所了解，往往会在沟通和合作中碰钉子；而说“意料之外”，是我们绝大多数的技术人员对这些理论知之甚少。接下来，就会较为深入地介绍心理学中的性格理论，及其在团队管理中的应用模式。

在介绍具体模式之前，我们需要先了解一下心理学中性格学理论和人格测试的历史。性格学理论最早可以追溯到古希腊时代的体液理论。在古希腊，人们认为人体包含四种基本体液——红色的血液、黄色的胆汁、黏液，以及黑色的胆汁，每种体液分别对应了四种不同的行为方式。当某种体液占主导地位时，这种体液便会影响人的情绪和外在行为。希波克拉底第一次系统地提出了体液的理论，在他的理论中，过多的血液将使人过度乐观，从而表现出多血质；过多的黄胆汁将使人过于暴躁，也称为胆汁质；过多的黏液将使人过于冷淡，称为黏液质，而过多的黑胆汁将使人抑郁，也就是所谓的抑郁质。

虽然我们知道古希腊的体液学说并没有太多科学根据，但是它却让人们第一次认识到了人格和行为测评的方法，从而开启了现代心理学性格学说的大门。瑞士心理学家荣格将人的性格特征用两种基本的心理态度——内向（Introversion）

和外向（Extroversion），以及四种心理功能——思维（Thinking）、感知（Sensation）、直觉（Intuition）和感受（Feeling）来进行描述和分类。

基于荣格的性格学说，美国心理学家布里格斯（Katharine Cook Briggs）和迈尔斯（Isabel Briggs Myers）母女在荣格的两种心理态度类型和四种心理功能类型的基础上，又增加了判断（Judge）和知觉（Perceive）两种类型，由此组成了个性的四维八极特征，它们彼此结合就构成了十六种个性类型。经过二十多年的研究，编制成了《迈尔斯一布里格斯类型指标》，也就是现在国际上流行的 MBTI（Myers-Briggs Type Indicator）测评。

与布里格斯和迈尔斯母女同时在进行性格学研究的还有美国心理学家威廉·莫尔顿·马斯顿博士。马斯顿博士的研究创新性地将用于解释精神失常人群的心理学理论扩大到了心理健康的人群，专门用于描述心理健康的普通人群常见的基本的情绪反映。在马斯顿博士创立的体系中，人的情绪反应，即“人格特征”，是通过心理测评的方式来进行衡量，并使用了与古希腊的体液理论相似的四个非常典型的人格特质因子 DISC 来进行表征，即：支配（Dominance）、影响（Influence），稳定（Steadiness）和服从（Compliance）。1928 年，《正常人的情绪》一书首次对 DISC 及其背后的理论做了系统性的阐述，至今，DISC 系统已发展成为在全世界被广泛采用的人格评量工具。

在 DISC 性格测试结果中的四种人格分别为支配型（D）、影响型（I）、稳定型（S）和服从型（C），四种人格各有优缺点。

支配型（D）

代表人物为拿破仑。这类人的特点是爱冒险、有竞争力、大胆而且果断、自尊心极强、喜欢挑战性的工作。因此，在和 D 型人格的同事协作时，注意的要点就是有什么说什么，不要拐弯抹角，直接说出结果就可以。

影响型（I）

代表人物为克林顿。这类人的性格特点是喜欢表达自己，喜好交际、对人热情，他们很有魅力并且很自信。在与这类人的交流中要注意倾听，给予赞美和肯定。多鼓励、多夸奖他们，会让他们更喜欢表达。

稳定型（S）

代表人物为甘地。这类人的性格特点是友善的、亲切的、有耐心且善解人意的。

他们的情绪一直很平稳。与这类人交流沟通不用太在意条理或赞美了，因为他们就是属于喜欢倾听的。他们在沟通过程中很容易赞同别人的观点，说服一个S型人格的人，几乎不费什么力气。跟他们聊天你会很放松，心情也会变平静。

服从型（C）

代表人物为比尔·盖茨。这类人的性格特点是完美主义。他们对自己有极高的标准，善于分析思考，有耐心、很严谨、遵守事实准则。这类人在沟通过程中喜欢有调理、有规则的叙述方式，最好列出一二三来。多用数字和事举例对比，少说中性词，这样的沟通方式更容易让他们接受。如果你要夸赞这类人，一定要说出来为什么夸他，哪里值得你表扬他，肯定他的专业度。

在了解了人格测试的前世今生之后，下面让我们一起来看看如何善用这些人格测试工具，达到和团队成员更好地建立信任和亲和的目标。

4.2 解决方案和实施步骤

善用性格测评工具的关键在于从性格测评出发，有步骤和策略地形成“测评”→“结果分享”→“结果讨论”→“引导行为改变”的四步框架，从而达到通过测评更好地了解团队成员人格和行为特征（即“知”），并通过更好地了解团队成员，有效地引导成员行为的改变，去获得信任、亲和与沟通效率的提升（即“行”）。这也避免了大多数使用性格测评工具的团队领导常常犯的本末倒置的错误——将性格测评工具生成的报告作为整个活动终点。

具体来说，在实际中可以如下操作。

1. 进行性格和行为特质测评

推荐采用 MBTI 和 DISC 这两种人格和行为测评工具进行测评。这两种测评可以从多个心理测评机构或者心理学在线网站通过付费或者免费的方式获得。

需要注意的是，不仅仅是团队成员需要进行测评，团队的领导者本人也需要进行测评，并在接下来的几步中和成员共同分享和讨论。这样做能有效提升团队成员和团队领导者之间的信任和亲和力。虽然很多团队领导者往往不希望公开自己的人格和行为测评结果给团队成员，但事实证明，缺乏双方的坦诚相待，信任和亲和的建立就是空中楼阁。

对于初次尝试这个模式的团队，可以先在网上搜索一些免费资源，进行在线测评，并获取测评报告。

2. 团队成员（包括团队领导者）基于测评结果进行分享

MBTI 或者 DISC 测评报告一般来说都会附带对结果的描述和基本的解释，然而这些描述往往都是模板化的。因此，组织一次团队关于测评结果的分享讨论会，提供一次让团队成员（和团队领导）对测评结果进行个性化解读的机会，将大大提升测评结果在后续步骤中的参考价值。

在分享中，每位团队成员将就自己的测评报告向整个团队进行介绍，例如：

我的结果是怎样的；

哪些测评结果是比较准确的，并提供一些实际例子；

哪些测评结果和我的自我认知有偏差，并提供一些实际例子。

……

3. 团队成员（包括团队领导者）对基于测评结果和个人分享进行讨论

无论是测评结果，还是个人基于结果的分享，实际上都是为团队大讨论进行的准备和铺垫。团队讨论的目标如下。

（1）发现不同团队成员之间、团队领导和团队成员之间性格和行为特质的相似性。

发掘出相似的性格和行为特质，其重要的价值在于利用“相似性”影响力原则增进亲和。前面我们已经讲过，心理学的研究早已发现，我们每个人都喜欢那些与我们相似的人，无论相似点是在观点上、个性上、背景上，还是生活方式上。因此，当你发现自己和某位团队成员在个性或者行为特质上有相似之处，你们之间的亲和自然会提升。

（2）发现不同团队成员之间、团队领导和团队成员之间性格和行为特质的差异。

发现相似的性格和行为特质可以帮助增进亲和，那么发掘不同的性格和行为特质的目的又是什么呢？差异就意味着潜在的冲突，而发现差异的意义就在于有意识地通过行为的改变和适配缩小差异，提升相似性，从而使亲和力得到提升。

在“模式应用案例”一节中，我们将介绍如何用游戏化的轻松的方式来进行这次团队大讨论。

真实案例

在史蒂夫·马丁等著的《细节——如何轻松影响他人》一书中提到一种有趣的现象。

美国游戏节目《新婚夫妻大考验》（Newlywed Game）的内容是，让新婚夫妻回答一系列关于对方的问题，以测试他们对彼此的了解有多少。从 1966 年开播迄今，这档节目还在被不断重播。观众惊奇于夫妻对彼此的了解那么少。

这个秘密也隐藏在行为科学家本杰明·沙伊贝翰（Benjamin Scheibehenne）等人所做的一组研究中。在这个研究的实验中，针对 118 项事物，受试者对一位自己很熟悉的人对这些事物的喜好进行预测。实验的结果出乎意料：虽然受试者都信心满满地认为自己起码可以说准 60%。但是事实是，为相识大约两年的熟人做预测的那组人，准确度是 42%；而相识十年以上的那组人，准确度竟然只有 36%。

实验的结果说明，我们对别人的了解是如此之少！

4. 针对性格和行为特征差异化的领域制定行为改进方案

对于性格和行为特征相似的领域，通过团队成员之间对相似性的确认，可以很大程度上提升亲和度；而对于那些性格和行为特征有差异的领域，往往因为惧怕可能存在的冲突，而被团队成员有意或者无意地“忽略”。但是，只有敢于面对这些差异，勇于暴露因为这些差异可能产生的冲突，从而在这些领域中制定有针对性的行为改进方案，才是真正从根本上提升团队成员信任和亲和的良方。在实际操作中，可以利用下列活动来达到这个目的。

（1） 让团队成员认识到彼此的性格和行为差异。

例如，在 DISC 测评报告中，每个人都会有一个或者两个显性因子。因此，可以利用空间思考技术，让所有团队成员（包括团队领导）按照图 5 所示的方式，分别站到自己的显性因子区域（如果有两个显性因子，则让团队成员选择一个在工作中最突出的因子）。通过空间上的分割，团队成员可以清晰地看到大家在性格和行为模式上的差异。

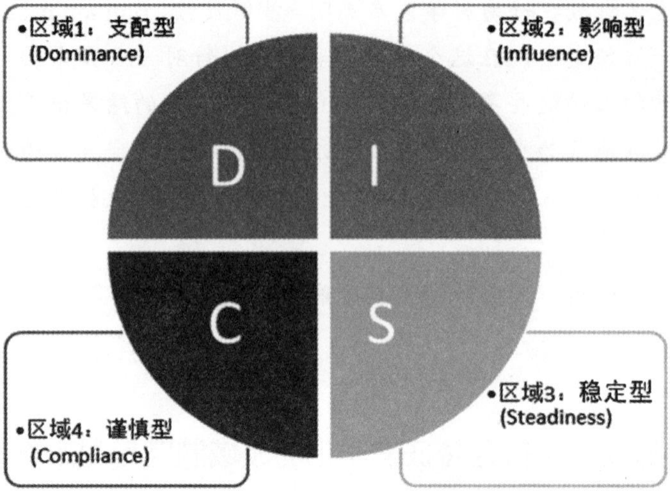

图 5　DISC 测评结果空间思考技术

（2）　设定一些工作场景，故意在不同性格的团队成员之间造成冲突。

例如，软件团队刚刚发布给客户的软件版本就出现了一个比较严重的故障，客户非常生气，要求软件团队以最快的速度解决这个问题。作为 D 型性格的现场客户交付经理（Delivery Manager）通过初步的分析，已经有了一个解决方案。但是这个方案有 20%的风险不仅不能解决原来的问题，还可能引发更严重的故障。因此，客户要求现场客户交付经理（D 型性格）和研发部门的研发主管（C 型性格）一起共同决定解决方案。

当我们让 D 型和 C 型性格的团队成员来模拟这个场景并进行讨论时，冲突往往会爆发。因为对支配型（D 型）性格的人来说，重要的是聚焦事情，强调时间节点，保证任务完成；而对于谨慎型（C 型）性格的人来说，保证准确性，严谨的分析，对假设进行质疑和挑战是他们的行为模式。因此，D 型性格的现场客户交付经理希望快速地对所提出的带有风险的解决方案做出决策，而遇到凡事都希望进行严谨和准确分析的 C 型性格研发主管，必定会爆发冲突，并迟迟无法达成一致的决定。

我们使用这些实际工作中常常会出现的场景进行模拟，让团队成员在可控的环境中去感受冲突，大家就会更加深切地感受到性格和行为模式的差异，绝不是写在测评报告中冰冷的文字，而是实实在在会引发冲突的根源所在。到了这里，团队领导者就可以进入下一步去引导行为改变。

（3） 引导行为改变：提升亲和、避免冲突。

当我们了解了不同团队成员的性格和行为模式、感受了因此可能引发的冲突之后，怎样引导团队成员在工作中的行为改变，从而提升亲和避免冲突呢？从“相似性”法则中我们可以找到答案。我们可以让每一组不同性格和行为模式的团队成员基于以下问题进行分享。

问题 1：作为这种性格和行为模式，我们希望对方以什么方式和我在工作中沟通、协作和相处？

问题 2：如果对方用我喜欢的方式与我协作和沟通，我的感受和回应会如何？如果对方使用了和我喜欢的方式迥异的方法与我协作和沟通，我的感受和回应会如何？

问题 3：最近有什么案例表明性格和行为模式的差异的确会在工作中带来冲突？同时，又有什么实际的案例表明在工作中使用和我性格和行为相匹配的协作方式达到了好的效果？

4.3 结果

应用此模式，可以帮助团队领导和团队成员之间，以及团队成员彼此之间，通过更加科学的方式认识对方的性格和行为模式，确认相似的性格和行为模式，达到提升亲和的目的。同时，通过在有差异性的领域进行有针对性的行为风格调整，提升协作效率，降低发生无谓冲突的概率（注意并不是惧怕合理的冲突），从另一个角度提升“相似性”以期达到提升亲和与信任的目的。

老子在《道德经》中说：“知人者智，自知者明，胜人者有力，自胜者强。”善用性格测评工具，不仅仅是去了解和理解他人，同时也是了解自己的过程，这样，才能做到“智”，才能做到“明”。

4.4 模式应用案例

应用案例 1：DISC 性格测评及团队建设

S 公司是一家深耕于互联网电视和视屏领域的高科技公司，然而 S 公司的管理层却在为销售、售前和研发三个部门的合作而发愁。一个客户项目的成功，必须有这三个部门的通力合作，而在现实中，由于三个部门的条块分割，高效协作往往只停留在口号当中。因此，S 公司邀请了本书作者到该公司为三个团队的骨干提供一次高效团队协作的培训。经过前期对三个团队成员的抽样访谈，我们发现三个团队因为工作性质的原因，大家的行为风格差异非常显著：销售人员对人与人的关系非常重视，而且决策速度比较快；研发部门对软件本身非常重视，而且力求严谨，希望尽可能规避软件产品的风险，因此决策速度比较慢；售前部门的风格介于销售和研发之间。同时，三个团队成员对他们之间的差异并没有清晰的认识。而性格和行为风格的差异，正是造成他们之间协作出现问题的主要原因。

认识到这个问题之后，我们首先让参加培训的三个部门的骨干成员都进行了 DISC 测试，结果如图 6 所示。可以看到，结果在展示出分散性的同时，也表现出一定的聚集性（例如左上角的 D 型和左下角的 C 型）。接下来，我们进行两个游戏，让大家进一步认识相互之间性格和行为的差异。

游戏 1：分析和思考 DISC 的测评结果

目的是让所有人清楚地认识到大家性格和行为的差异性，并且了解在不同功能的小组中，占主导的行为风格是什么。

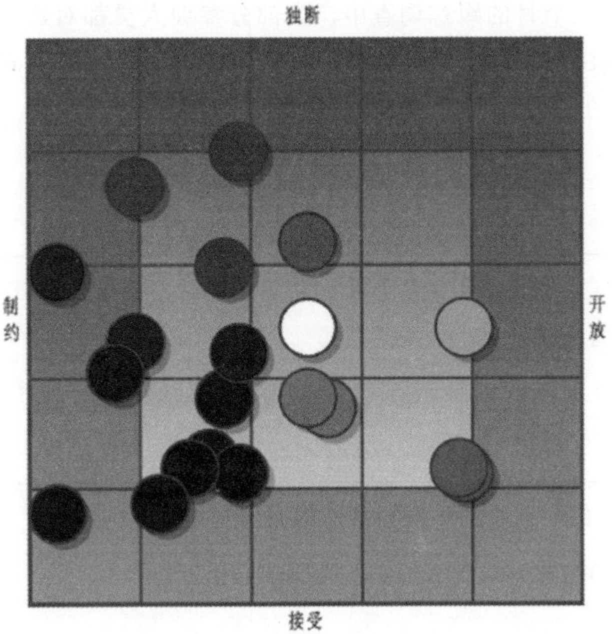

图 6 三个团队 DISC 测评结果

游戏 2：知己知彼

将团队按照现实工作中的分工，分为“销售”“售前”和“研发”三个小组，并给每个小组提供一张大白板纸。白板纸上分为三个部分，分别有三个问题。图 7 是销售小组的大白板，其他两组类似。在每个小组填写了自己的问题 1 的答案之后，我们采用“世界咖啡”[①]的形式，让每个小组轮流移动到其他两个小组的大白板前，填写相应的问题 2 或者问题 3 的回答，最后，在经历一轮“环球旅行”之后，每个小组回到自己的大白板前，就可以清晰地了解其他小组同事对平时工作中高效和低效的行为方式的反馈。

在进行了这个现场游戏之后，每个小组都获得了平时根本想不到的来自其他小组的反馈，而且其中很多和大家自己“以为”的差别很大，从而激发了现场非常激烈的讨论和反思。

① 世界咖啡（World Cafe），指不同专业，不同部门的人针对数个主题发表各自见解，互相意见碰撞，激发创新点子，并用新的视角来看世界。

在课后为期三个月的跟踪调查中，大部分参训人员都对这个活动的效果非常认可，而且也由此引发了销售、售前和研发团队协作沟通方式的改变，不仅仅提升了跨团队的亲和，也实实在在提升了公司的销售业绩！

问题 1 （由销售小组填写）我们销售小组希望其他同事以这样的方式和我们协作和沟通：
问题 2 （由售前小组填写）售前的同事觉得销售的同事： 哪些行为和沟通方式是有效的，需要今后保持？ 哪些行为和沟通方式需要一些改变？
问题 3 （由研发小组填写）研发的同事觉得销售的同事： 哪些行为和沟通方式是有效的，需要今后保持？ 哪些行为和沟通方式需要一些改变？

图 7 销售小组的白板问题

第 5 章　“统一认知”的模式：你的愿景，还是团队的愿景

玄奘大师准备出发前往西域取经。一匹来自长安城一个小磨坊里的拉货的马被选中跟随玄奘大师西行。在同一个磨坊里还有一头驴，它和马是好朋友。17 年之后，这匹马随玄奘法师驮着佛经回到长安，它也得以重新回到磨坊会见驴朋友。马和驴谈起这次旅行的经历：浩瀚无边的沙漠，高入云霄的山岭，凌峰的冰雪，热海的波澜……驴惊叹道：“多么丰富的经历呀！那么遥远的道路，我连想都不敢想。”马说：“其实，我们走过的距离是大体相等的。当我向西域前进的时候，你一步也没停止。不同的是，我同玄奘大师有一个遥远的目标，按照目标的方向前进，所以我们打开了一个广阔的世界。”

在网络上流传的这个哲理故事里，我们看到有无遥远而明确的目标，最终的差别是非常巨大的。有遥远目标的马，奋力跋涉，千难万险，终能在 17 年之后取经归来；而没有遥远目标的驴，虽终日劳碌，但是却仅仅是为“一捧草料”而终日转着圈子。虽然这只是一则小小的寓言故事，但是故事里的道理对于我们每个人和企业，都是相同的：只有怀着远大的志向，不懈努力，永不言弃，方可终成大业。更进一步，团队领导者还必须像玄奘大师一样，为整个团队制定一个远大的目标，这样才有可能带领整个团队跨越千山万水，虽然历尽千辛万苦，但是终成正果。

在接下来的几章中，我们将介绍一些帮助团队领导者为团队明确愿景、统一认知的模式和招式。

第 5～7 章将介绍“团队制胜六步工作法”中的“统一认知”模式：

- **你的愿景，还是团队愿景**
- **文化可以把战略当早餐一样吃掉**
- **用广而告之的方式展示愿景**

在英国，每年医疗行业因病人爽约而造成的损失，估算值是 8 亿英镑（约折合 10 亿美元）。仅仅是因为病人没有信守承诺，这些钱就打了水漂。专业人员也一直在寻求如何降低医疗中心病人爽约比例的方法。研究和实验证明，只需要在医疗预约的过程中做几个小小的、无须成本的改动，就可以获得相当惊人的效果。方法很简单：只需要在病人打进预约电话，约好了日期和时间之后，工作人员请病人马上大声念出这些预约的细节，然后再挂电话。这个微小的改动所产生的成效是：病人后续的爽约率降低了 3%。乍一看，3%好像并不是很显著，但是考虑到一年的总体损失是 10 亿美元的话，降低 3%就意味着节省了 3000 万美元！在这个案例中，社会影响中的承诺和一致性原理得到了充分的体现。绝大多数人都有跟自己许下的承诺保持一致的强烈愿望，如果这个承诺是我们主动做出的、需要我们花时间和力气参与而且被公之于众的，那就更是如此。

和我们之前提到的玄奘大师的寓言小故事一样，作为一位团队领导者，要达到有效地带领团队做正确的事，第一步就是需要和团队成员一起明确一个远大的目标，一个能够让团队成员愿意为之奋斗的目标，这个目标也就是这一章将着重讨论的团队愿景。而心理学研究中，社会影响的承诺和一致性原理，是下面这个模式非常重要的理论支撑。

5.1 问题描述

在一次团队培训课上，一位学员问了一个非常有趣的问题：“团伙、团体和团队分别有什么区别？”诚然，对这三者可以从不同的维度进行区分，例如组成人员的多少、持续的时间、褒义或者贬义等，但是一个更重要的区分三者的维度在于，目标和基于此目标的协作方式。具体来说，团伙是为某一目的相互组织在一起的，由于这个目的往往是负面的（例如盗窃团伙），因此团伙的协作方式是相互算计，达到目的之后就分手；而团体是为了一个共同的愿景、目标或者利益组成的集体（例如旅游团队），团体成员之间的协作往往是按照成员自己的行为标准进行；与前两者不同，团队则是指互助互利、团结一致为同一目标而奋斗的一群人。团队中不仅强调个人的业绩和成果，更强调团队的整体业绩和成果；同时，团队是在集体讨论、共同研究中形成决策，而后为这一目标共同奋斗并取得成果，力求达到 1+1＞2 的效果。

对于每一个技术团队的领导者，打造一个高绩效团队（而非团伙或者团体）一定是一个重要目标。然而，在实际运作中，很多团队往往由于在统一的目标和高效的协作方式上出现问题，而使得团队沦为团体。通过和很多团队的接触和观察，常见的问题如下。

【愿景/目标问题】公司有愿景和战略目标，却未能被团队领导者和团队成员一起转化为对团队有意义的愿景和目标。

【愿景/目标问题】公司有愿景和战略目标，该目标经由团队领导者个人转化为“团队愿景/目标”后强加给团队，但并未获得团队成员的认可。

【协作问题】由于团队目标是少数人（例如团队领导者或者团队骨干）制定“强加”给团队的，因此无法获得全体团队成员的一致认可和全情投入。

【协作问题】虽然有经由团队讨论产生的共同愿景和目标，但是缺乏经由团队一致讨论产生的如何高效达到此目标的协作方式。

对于技术团队领导者而言，在打造团队愿景、目标，以及相应的协作方式，从而迈向高绩效的路途上，最常出现的问题是，领导者是把团队置于整个过程的中心，还是把公司（或个人）的愿景和目标强加给团队？或者说，这是“你”的愿景还是团队的愿景？

本章提供的模式，就是帮助团队领导者在团队愿景及相应协作方式的确定过程中，把团队推向整个过程的中心。

帕特里克·兰西奥尼在《团队协作的五大障碍》中讲到，第三大障碍便是“欠缺投入”。在团队中，导致欠缺投入的重要原因之一就是追求绝对一致。例如，在确定团队的愿景和目标时的问题上，为了避免意见相左出现的冲突，团队领导者往往会将自己的想法“强加”给团队。这样做的后果一方面是错失了通过团队大讨论得到更优方案的机会，更严重的后果是由于团队成员的意见并没有被认真倾听，以及融入最后的方案，这样团队成员就会缺乏对被“强加”的愿景和目标的认同感，从而在实际落实过程中，特别是当遇到困难时，欠缺全情的投入。

其实没有必要追求绝对一致。优秀的团队领导者应该知道什么是正确的，能认真倾听成员的意见，站在全局思考，知道怎么走是正确的，怎么做才能做出优秀的产品。如果一次讨论没达到共识，就多讨论（冲突）几次，最优秀的方案往往是在风暴中产生的，不要提前担心这场风暴而避开它。当每一位团队成员的意见都能够被认真倾听，大家就会更愿意全情投入地为其努力，哪怕这个决定并不是自己最初的决定。

5.2 解决方案和实施步骤

为了能够让每一位团队成员的意见都在团队愿景的讨论中得到充分的倾听，团队领导者需要有意识地把自己从讨论的主导者和意见提供者的角色转变为讨论的引导者和信息提供者的角色。换句话说，在团队愿景的制定过程中，团队领导者需要从“台前”走到“幕后”，让团队成员成为整个过程的主角。下面这三个经过实战检验的工具或许能够帮助团队领导者顺利地完成角色的转化。

工具 1：有力的问题（Power Questions）

如果要选出一个帮助团队领导者从“台前”走到“幕后”、激发团队成员创意和灵感的有效工具，首选就是“有力的问题”。“有力的问题”这一工具，虽然看似只是简单地让团队领导者和团队成员的沟通方式从陈述句(下达指令)变为疑问句（通过发问激发团队思考），但是所获得的效果却是非常显著的。针对一个期望解决的问题（例如，制定团队愿景），团队领导者通过一系列技巧性的发问，即“有力的问题”，充分挖掘团队成员浅层次的意识（Conscious Mind）和深层次的潜意识（Unconscious Mind），从而达到激荡思维、激发创意、获得高质量解决方案的目的。要用好这个工具，核心的问题就在于如何问出“有力的问题”。

一般来说，“有力的问题”往往具有如下特征。

（1）简短，直接，切中要害。

与其他交际性的谈话不同，“有力的问题”都无须拐弯抹角，而是直奔主题，试图用最少的词句直击问题的核心。

（2）能鼓励被提问者打开话匣。

“有力的问题”都是开放式的问题(例如 5W1H 问题：What，When，Where，Who，Why and How)，因而能够让被提问者有空间更好地展开回答，从而有更多机会获取更多信息，以及激荡更多创意和好想法。与此相反的是，封闭式问题（例如“是或不是”的问题）无法鼓励被提问者更多地去说，从而丧失了激发创意的绝好机会。

（3）能促使被提问者深入思考。

一个出其不意的好问题往往会让被提问者一时语塞，沉默思考。研究表明，与滔滔不绝地说相比，沉默思考更有助于激荡思维和激发创意。例如：能告诉我更多吗？还有吗？还有什么缺失了吗？都是能够促使被提问者进一步思考，甚至一时语塞的“有力的问题”。

“有力的问题”之所以有力，是因为它激发了被提问者深层次的潜意识。通常，我们面对一个问题脱口而出的答案，往往来自浅层次觉知的意识，这也是我们最习惯的思维模式。重复这样惯常的思维模式，是无法达到激荡思维和激发创意的目标的。而激发深层次的潜意识，目的就是将我们惯常思维之外，存在于潜意识中的信息连接在一起，从而产生新鲜的想法。

例如，下面这些问题就是用来激发深层次的潜意识的例子。

——面对这个项目当前的困境，如果你有一个之前从来没有用过的解决方法，那将是什么呢？

——如果没有任何约束条件，那么你的做法会与现在有什么不同？

——面对当前项目的技术障碍，如果你去请教这方面的专家，你觉得你会得到什么最意想不到的解决方案建议？

事实证明，当我们使用这些问题去提问时，绝大多数的被提问者都会在陷入沉思。沉思之后的答案，往往充满了意外的惊喜！

面向未来的问题比纠结过去的问题更有力。

当我们问出一个纠结于过去的问题时，最常发生的情况是被提问者的“自我保护系统”被自动触发。因为我们往往会将纠结过去的问题视为对责任的追究，因此趋利避害的天性会让我们对此类问题产生天然的抵触情绪。与此相反，面向未来的问题往往被我们视为“无害”的问题，从而愿意不带偏见地进行思考。因此，“有力的问题”往往都会技巧性地将关注点放在未来。

例如，我们从表 1 的问题中可以体会一下，同一个问题用面向未来和纠结过去的视角来进行提问的差异。

表 1

纠结过去的问题	面向未来的问题
为什么最近一个月软件缺陷突然比预定目标上升了 20%	如何才能让我们在下一个月将软件缺陷控制到预定目标的水平
这个问题是谁造成的	如何才能避免在将来不再出现类似的问题
为什么会出现这个问题	

工具 2：头脑风暴（Brainstorm）

头脑风暴是非常适合团队使用的进行集思广益讨论的工具。当使用头脑风暴这个工具引导团队进行愿景、战略或者目标等领域的讨论时，为了确保每一位参与讨论的团队成员的意见都能被充分聆听，我们总结出了下面八条重要的原则。

原则 1：暂缓评论；
原则 2：异想天开；
原则 3：借“题”发挥；
原则 4：不要离题；
原则 5：图文并茂；
原则 6：多多益善；
原则 7：正确的人；
原则 8：激发热情。

在这八条原则中，对于一个希望从“台前”转换到“幕后”，充分激发团队创新想法的领导者来说，“异想天开”和“图文并茂”是需要特别留意的。我们在上一节中提到的那些能够启发被提问者深入思考、激发他们深层次的潜意识的问题，还有那些面向未来的问题，都是引导团队“异想天开”的有效“招式”。而“图文并茂”原则，则能鼓励团队成员在头脑风暴中进行可视化思考，把原本不可视的思维（包括思考方法和思考路径）呈现出来，通过针对特定的主题进行可视化图像的创作，以及团队讨论，发掘出更多的信息。实践经验证明，在头脑风暴中使用“图文并茂”的招式会大大增加讨论的趣味性，以及激发团队的热情。

当团队领导者使用了“有力的问题”和头脑风暴点燃了团队的热情，并使大家迸发出许多好想法之后，一个有效的收敛工具就成为重要的手段。

真实案例

在 N 公司某团队的愿景讨论会上，团队领导通过巧妙地使用“异想天开”原则，把一场团队成员原以为沉闷的头脑风暴会议变成了趣味盎然并且成果丰硕的“思维大爆炸”。其实秘诀很简单，这位团队领导把儿子平日里玩的乐高积木融入这次团队愿景的头脑风暴大讨论中。

在开场介绍了此次头脑风暴的主题、必要的背景信息，以及讨论流程之后，团队领导用一个“有力的问题”开启了一次有趣的思考和讨论之旅：“大家请在脑海中想象一下，在你的期望中，我们的团队在 3 年之后的今天会是什么样？请大家每个人都用桌上的乐高积木搭建出你期待中的样子。搭建好之后，请和你同桌的其他同事进行分享。”

无论之前是否玩过乐高积木，现场的每一位团队成员都对这样的新方式表现出了浓厚的兴趣，而且很多团队成员用乐高积木搭建出的理想中团队的模样在让人感叹其创意的同时，也的确提供了非常多平日里用纸和笔描述的理想团队模样时无法呈现的视角和想法（例如一个小组的愿景是在下一个人类居住的星球上，比如火星，利用先发优势成为本领域的 No.1）。同时，在接下来的分享环节，由于有了可视化的乐高积木呈现，团队的讨论也比平日热烈许多。在头脑风暴结束时，团队领导甚至已经为达成一致的团队愿景用乐高积木进行了可视化呈现（研究证明，人们对图形的接受程度比枯燥的文字要高很多，因此可视化呈现的团队愿景也能够提升团队成员的认可度）。

事后，团队成员纷纷表示，使用乐高积木来搭建自己对团队愿景设想的方法，极大地激发了自己异想天开的热情，以及连自己也没有想到的创意；同时，基于乐高积木这种可视化呈现的团队讨论，也比平常头脑风暴中面对黄色便利贴上冷冰冰的文字的讨论更加有趣，激发了团队讨论的热情。也正是因为这些原因，这次讨论结果的质量，以及团队的认可度，比以前其他类似的讨论提升了许多。

工具 3：发散—收敛（Diverge-Converge）工具

前面介绍的“有力的问题”和“头脑风暴”都属于引导团队进行发散性思考的工具。发散性思考工具会激发团队产生大量的想法，同时也会造成让人一时吃不消的情况。很多情况下，团队成员面对众多的想法，直觉的做法会是抓住其中一两个想法，然后要求团队其他成员把注意力也放到自己选定的想法上来。这样的做法，每每都会让团队的讨论陷入混乱和缺少聚焦。因此，团队领导此时的重要任务就是要引导团队成员进行有效的收敛，找到共同的兴趣点，从而聚焦到接下来的讨论中。因此要适时使用收敛工具（如图 8 所示）。

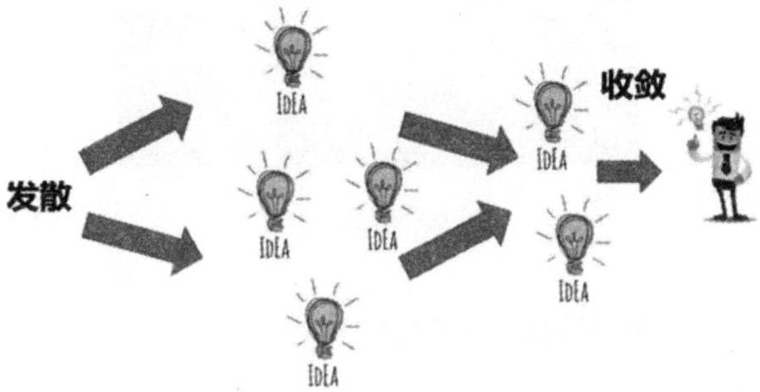

图 8 发散—收敛工具

第一个非常好用的收敛工具是“**信息分类**”。

就如麦肯锡在“金字塔原理”中提到的“归纳分组”的思想一样，繁杂的信息让人脑无法有效地进行处理，因而需要把清单缩短，减少到人脑可以处理的程度。同时，由于每个团队成员对于相同或者类似的意思使用的表达方式可能存在差异性（例如有人是细节导向，有人擅长全局思考），实际上信息分类的过程也是整个团队成员整合和增进彼此理解的过程。在实操中，信息分类会有两种具体的形式。

形式 1：创建类别并归类

团队预先并没有设定具体的分类，而是对讨论中产生的想法依据相似程度进行类别合并，然后为合并的类别提炼主题。正如图 9 的例子中所示，团队成员通过移动便利贴，把彼此相关的想法进行集结，并为每个集结的分类确定类别名称，然后再依据类别进行进一步的讨论。

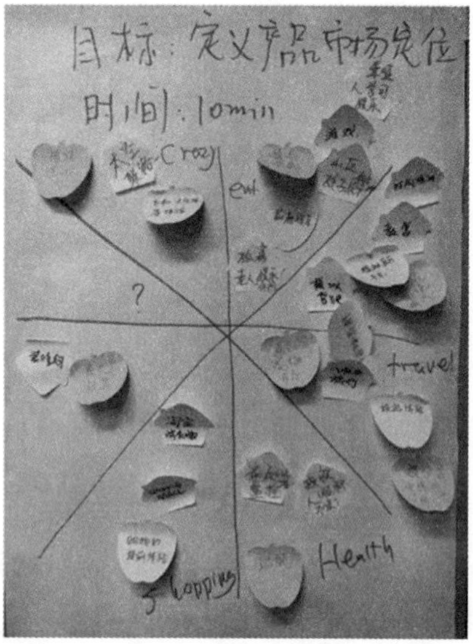

图 9　信息分类

形式 2：按照预先制定的类别进行归类

团队依据预先制定好的归类条件（例如可行性、目标客户、成本、风险等）讨论好类别，然后再逐一将讨论中出现的想法归类到预先制定的类别中。

实际上，两种信息分类的形式并没有优劣之分，团队领导决定选用哪种形式，可以依据对讨论收敛方向是否有一定的要求来决定。例如，假设团队领导在引导团队进行发散性思维时，已经在心中对收敛的方向有了初步的想法，那就可以建议团队使用形式 2，在预先制定的类别上进行讨论的收敛。而如果团队领导者对讨论的结果抱有更大的开放性，那就可以鼓励团队使用形式 1 进行讨论的收敛。

第二个推荐使用的收敛工具是**“团队决策模式”**。

在观察了不同团队如何在大量信息中做出决策之后，弗鲁姆在其“决策参与权变”理论（也称为领导规范模型）中，将一个团队领导者或者团队可以采用的决策方式归纳为以下四种基本类别。

（1）　独裁式决策。

团队领导或者团队中的意见领袖运用手头现有资料，自行解决问题，做出决策。

（2） 咨询后独裁式决策。

团队领导者从团队讨论中获取必要的资料（例如鼓励团队进行头脑风暴，从而获得更多的想法），然后自行决定解决问题的方法。团队领导者向团队成员索要资料或者信息时，可以说明情况，也可以不说明。在决策过程中，团队成员只负责向团队领导者提供必要的资料，而无须提供或评价解决问题的方案。

（3） 民主式决策。

团队领导者和团队成员共同提出和确定评价所有可供选择方案的标准（例如，民主投票），然后，团队依据选择的标准在所有可选方案中进行决策。讨论过程中团队领导者仅作为组织者而不用自己的思想去影响群体，并愿意接受和落实任何一个集体支持的方案。

在实践中，一个常被团队使用的民主决策的方式叫作“点投票”。使用“点投票”时，针对讨论出的 N 个待选方案，每个团队成员有 X 点投票权（通常点投票权数不超过 3），每一票可以投给同一个方案，也可以投给不同的方案。最后得票最多的方案为最终决策的方案，如图 10 所示。

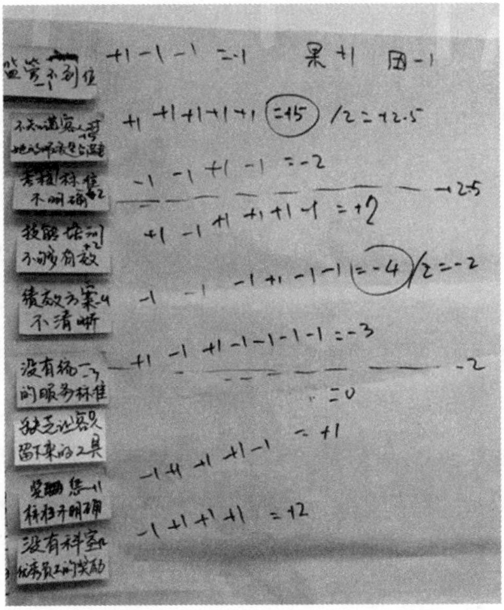

图 10 “点投票”收敛方式

（4） 共识式决策。

与民主式决策模式不同，共识式决策的方式是通过在团队内部反复进行协商、协调、协议，比较不同方案的优劣，扬长避短，最后把它合成一个能够被所有团队成员都接受的新的方案。例如欧洲议会制下政府内阁做决策时，基本上采用的都是共识式决策，而非我们想象中的民主式投票表决。

在了解了不同的团队决策模式之后，团队领导者可以根据实际情况选择合适的收敛方式引导团队进行信息的收敛。需要注意的是，不同的决策模式在决策所需时间、决策质量和执行程度三个维度上会有不同的表现。例如，“独裁式”或者“咨询后独裁式”两种方式决策所需时间较少，但是决策质量和执行程度得不到保证；而“民主式”或者“共识式”在提升了决策质量和执行程度的同时，却需要花费更多的时间。然而，如果团队领导者的目标是鼓励团队集思广益，激荡思维，以及提升团队对决策的认可和执行程度，那“民主式”或者“共识式”两种决策模式是更好的选择。

介绍完上述三个工具之后，团队领导者应该如何高效地利用这三个工具引导团队打造属于团队自己的愿景呢？在这里，我们推荐一个结合了“六顶思考帽”的实施步骤。

第一步：（蓝色帽子）明确团队领导者在此次讨论中的角色

为了更好地达到让团队成员成为讨论核心的目的，团队领导者在讨论开始之初就应该明确自己是“引导者”或“组织者”的角色定位。

第二步：（白色帽子）明确讨论的目标，提供必要的信息

正如《高效能人士的七个习惯》中提到的第二个习惯“以终为始”所提倡的，团队应该在讨论开始前就明确此次讨论的目标：确定团队自己的愿景，并确保团队成员对其的认可度和执行程度。同时，在开始深入讨论之前，团队领导者需要为团队提供尽可能多的信息以确保接下来讨论的高效性。例如：公司的愿景和战略，团队的现状和挑战，或者团队领导者对团队愿景的一些想法等。

第三步：（红色帽子）团队领导和团队成员确认明确了此次讨论的目标，并拥有必要的信息进行接下来的讨论

团队领导可以通过比画大拇指的方式（大拇指向上代表可以，大拇指指向水平代表一般，大拇指朝下表示不可以）来完成确认。如果大部分团队成员都表示已经接收到了必要的信息，那么就可以继续到下一步骤。否则，重新回到第二步白色帽子。

第四步：（绿色帽子）团队领导者通过“有力的问题”开启团队愿景大讨论

在这一步中，团队领导者可以充分利用“有力的问题”和“头脑风暴”两个工具引导团队成为讨论的核心。

第五步：（黄色帽子）团队领导者引导团队对讨论进行收敛

上面介绍的“发散—收敛”工具将在这一步极大帮助团队领导者引领团队进行有意义的收敛。

第六步：（红色帽子）再一次和团队确认此次团队愿景讨论是否达到预定目标

心理学的研究表明，人们对从自己口中说出的事情的认可程度要比被动接受的事情的认可程度高出许多。因此，在讨论的最后，再一次让团队成员自己确认讨论并达成一致的团队愿景，将提升团队成员对愿景的接受程度和执行程度，从而真正达到从团队领导者的愿景，到团队的愿景的转变。

真实案例

弗拉达斯·格里斯基对酒店如何建议客人重复使用毛巾的环保倡议进行了一系列研究，非常有趣的结果是：仅仅只需要对环保倡议卡上的内容和与顾客交互的方式进行些许调整，就可以为改变顾客的行为带来很大的影响。

研究者在加州一家酒店进行了为期一个月的实验。在此期间，酒店在环保倡议上做出的微小调整仅仅是，请客人在办理入住时做出一个与环保有关的小承诺，例如让客人在一个“愿意在入住期间保护环境”的选项前打钩儿，或者请酒店职员在客人入住时询问，是否愿意在入住期间为保护环境做出口头承诺。结果显示，和对照组的普通客人相比，那些做了小小的环保承诺的客人的毛巾重复使用率升高了26%!

5.3 结果

遵循上面的步骤，作为团队领导者，你将有如下收获。

——一个开心的团队。因为在以团队为中心的团队愿景讨论中，团队成员感受到了尊重。

——收获了一个质量更高的、被团队所认可，且执行度高的团队愿景。因为不仅仅在头脑风暴中团队进行了集思广益的大讨论，而且“有力的问题”更激发了团队深层次的潜意识。

——一个更高的团队对你的接受和认可程度。因为当团队领导者从“命令者”的角色转变到“引导者”和“支持者”的角色时，团队成员将充分感受到被支持、被授权，而一个“服务型领导”也将是一名更加被团队成员所喜爱的领导。

5.4 模式应用案例

应用案例1：团队愿景价值观讨论会

在为某网络新媒体公司S组织的团队愿景大讨论的工作坊上，一个半小时的工作坊的安排如表2所示。从中看到，它遵循了本章第2节中的流程。实践结果证明，一个半小时的以团队愿景为核心的讨论，的确激发了团队成员认真的思考和激烈的讨论。激烈的讨论并不会削弱团队成员对最后达成一致的团队愿景的认可，因为每一位团队成员的意见都被认真倾听，并融入最后的结果。

正如《团队协作的五大障碍》中提到的，“由于每一位团队成员的意见都能够被认真倾听，这样大家更愿意全情投入并为其努力，无论这个决定是不是自己最初的决定。”

表 2

主　　题	时　　长	主要贡献者	内容精要
第一部分： 开场和议程介绍	10 分钟	团队教练或团队领导	明确此次讨论的目的：以团队为中心，集思广益讨论 3 年期的团队愿景
第二部分： 背景信息介绍	20 分钟	团队领导	在进行团队愿景讨论前，需要为团队成员提供的信息包括： • 公司和所属产品线的愿景和战略 • 团队之前的愿景和实现情况 • 团队目前的信息，包括团队组成、业绩、当前项目进展状况，可预见的变化，潜在的风险和机会等 在进行完背景信息介绍之后，所有参加讨论的团队成员利用“手指打分”的方式，用 1-5 分对“是否掌握了足够的信息进行接下来团队愿景的讨论”进行评估，并根据结果决定是否进入下一步
第三部分： 团队愿景大讨论	30 分钟	团队成员	为了确保讨论的高效，团队被分为 3 个 6～8 人的小组 每个小组按照下面的方式进行讨论： • 团队教练或者团队领导通过一个“有力的问题”开启讨论：“请每一位团队成员都闭上眼思考一下，假设 3 年后的今天，我们再做年终总结，你希望在你的总结中我们的团队是什么样的？” • 每一位团队成员可以用便利贴画出或者写出各自脑海中 3 年后团队的模样 • 小组内部进行分享

（续表）

主　　题	时　　长	主要贡献者	内容精要
第四部分： 团队愿景收敛和达成一致	20 分钟	团队成员	按照下面的流程在每一个小组中进行收敛： • 团队教练或者团队领导再通过一个“有力的问题”引导小组进行收敛：“如果在所有你们描绘的愿景中，我们只有有限的资源和时间实现其中 3 个，其他都需要舍弃，那么你们会留下哪 3 个？” • 小组利用“点投票”的收敛方式对小组讨论的愿景进行收敛，并将收敛后的结果总结为一句话描述的团队愿景的话 此时，每个小组都有了自己的一句话来描述的团队愿景，接下来需要在 3 个小组间进行收敛和达成一致。我们在这个阶段使用了“共识式决策”模型： • 每个小组向其他小组分享自己的团队愿景提案 • 3 个小组首先将各自团队愿景提案中相同或者类似的部分提炼出来 • 对于各自团队愿景中不同的部分，每个小组都有 5 分钟时间再次对其进行阐述，然后 3 个小组再次从中选出能够达成共识的部分（同时也舍弃不能达成一致的部分） • 3 个小组共同将达成一致的团队愿景总结为一句话
第五部分： 团队确认	10 分钟	团队教练或团队领导	团队教练或者团队领导对每一位参加讨论的成员询问：“你是否满意和认同今天我们所讨论出的团队愿景？”在实践中，由于之前的讨论已经充分听取了每一位团队成员的意见，此时团队成员都会对这个问题给予肯定的回答。此时团队成员给出的肯定的答复，将极大提升他对此次讨论出的团队愿景的认可

第 6 章 “统一认知”的模式：文化可以把战略当早餐吃掉

秦朝末年，项羽忍无可忍杀掉了宋义，率所有楚国军队渡过黄河去营救赵国以解巨鹿之围。在大军渡过黄河之后，项羽下令把所有的船只凿沉，打破所有烧饭用的锅，烧掉自己的营房，只带三天干粮，以此表达决一死战，没有一点后退之路的打算。有了这种氛围，楚军战士人人以一当十，杀声惊天动地，经过九次的激战，最终大破秦军，这就是历史上著名的“破釜沉舟”的故事。项羽成功地通过在团队中树立只能往前、没有退路的氛围，使团队每一个人迸发出最大的能量，从而让大破秦军的战略得以在不利局面下仍然得以执行。然而，“成也萧何败也萧何”，虽然项羽英勇善战，但最终让项羽在楚汉争霸中得到一个众人叛变、败给刘邦结局的一个原因，也正是项羽在团队中树立的“错误”的文化。项羽虽然为人豪迈，但是却非常吝啬给团队成员官位和钱财。而刘邦恰恰相反，他知道手下人跟着自己大都为了图个荣华富贵，因此在刘邦团队的文化中，只要冲锋陷阵，土地、财富、官位、头衔都是手段。正因如此，刘邦的战略得以很好地实施，从而得以成就霸业。

“企业文化、愿景、使命，以及价值观，看起来这些东西似乎都是专门为那些做不出或者卖不出好产品的企业和团队准备的，花费精力在这些 MBA 课堂上学到的东西只会影响到我们正常的工作，如果有时间的话，我们还不如去好好执行我们的战略。”这段话听起来很熟悉？这是《科学企业管理：成为成功创业公司的 24 个步骤》一书的作者比尔 · 奥莱特在其成立第一家名为 Cambridge Decision Dynamic 公司时脑中的想法。不出意外，比尔的第一家公司创业失败了。

在后来的总结中，比尔说道："……这家公司之所以失败，不是因为我们没有好的技术和产品，也不是因为我们没有客户，而是因为它不能成为一家可持续、可扩展的组织——我们没有任何有意义的目标，无法形成团队凝聚力，难以度过困难时期。总结一下，我们没有一种强大的企业文化。"管理大师彼得·德鲁克曾经用非常有意思的一段话总结了这一点："对于文化来说，战略是早餐，技术是午餐，产品是晚餐。文化会吃掉后面的其他东西。"

企业文化是企业价值观的体现。企业文化可以引导员工做出正确的技术和商业决策，可以让员工知道如何与他人相处和互动，也可以让员工在关键时刻做出最佳的判断。优秀的企业文化可以在员工之间营造出一种凝聚力。正如"NLP 逻辑层次"所揭示的，上层的价值观和文化，会影响员工的能力、行为和所在的环境。那么，好的企业和团队文化是否真能达到这样的效果呢？让我们来看看下面几个例子。

（1） 声田公司"快速试错，快速从错误中学习，快速提升"的文化。

声田公司是一家总部位于瑞典软件公司，提供正版流媒体音乐服务平台。作为一家互联网公司，声田公司追求快速响应客户随时变化的需求，从而更好地服务客户。然而，作为一家软件公司，每一位开发人员其实都会被快速响应客户需求和追求尽可能少的软件故障（甚至没有软件故障）这对矛盾所困扰。往往结果就是为了追求尽可能少的软件故障而不愿意去尝试新的想法或者技术，从而错失了为客户提供更好服务的机会。因此，为了解决这个问题，声田公司的 CEO 提出了"快速试错，快速从错误中学习，从而快速提升"的工程文化。其背后的理念是：既然错误是不可避免的，那么为何不大胆地去尝试新的想法或者技术？企业唯一需要做的，就是声田公司能够比其他竞争对手更快地从错误中学习，更快地进行提升。实际上，当声田公司的工程师们被这个开放的、鼓励尝试的文化所激励，开始去不断尝试各种新鲜想法和技术的时候，声田公司产品质量并没有下滑，同时，因声田公司快速响应客户需求，不断为客户提升使用体验的敏捷实践，公司还成为业界学习的典范。

（2）谷歌（Google）的工程师文化。

在硅谷，虽然谷歌的市值不如苹果公司，但要论及企业文化的输入，谷歌却是在硅谷的 IT 公司中无人能比。谷歌所建立的工程师文化，深深地影响了谷歌员工的行为，以及其产品。例如，谷歌的员工拥有非常大的自由和自主权，例如工程师拥有 20%的时间做创新性的事情，即使那些事情和目前的产品看起来无关；工作时间累了可以去睡觉，甚至可以带自己的宠物去上班，等等。然而，这样看起来过分自由的文化却没有让员工失去进取心，相反，谷歌很多伟大的产品（例如 Gmail），都是员工在其工作之外的时间完成的。

（3）IBM“大象的舞蹈”。

在 1980 到 1990 期间，IBM 是当时世界上最受人尊敬、盈利能力最高和增长最快的公司。对任何一位入职 IBM 的员工来说，第一堂课需要学习的都是 IBM 的三个企业文化核心价值观：尊重个人，服务顾客和追求卓越。在其后 IBM 的职业生涯中，无论是每天和团队其他成员的协作，跨部门交流会，绩效评估，优秀员工评选，以及工作中每一个决策背后，都有这三个价值观的影子。也正因为对这些核心价值观的信奉，才造就了那个时代 IBM 的卓越和辉煌。然而，1990 年代之后，由于管理层放松了对这些核心价值观和文化的坚持和追随，更多把注意力投向了追求短期目标和对股东的回报，IBM 也由此进入了衰落的周期，直到郭士纳（Lou Gerstner）成为 CEO。在郭士纳扭转 IBM 衰落颓势的过程中，对企业价值观和文化的再次重视是非常重要的一环。正如郭士纳在任期结束的讲话中提到的：“我在 IBM 工作的这段时间里认识到了，文化不只是游戏的一部分，而是游戏的本身。最终，一个企业（组织）不过是它的人员创造价值的集体力量。”

埃德加 · 沙因（Edgar H.Schein）是美国麻省理工学院斯隆商学院教授，也是世界百位最具影响力的管理大师之一。在其所著的《组织文化与领导力》一书中，埃德加 · 沙因指出：文化虽是一个抽象的概念，但源自文化的影响力，在社会和组织情景中所产生的作用都是巨大的。如果我们不能理解这些影响力的运作模式，我们就将沦为它们的牺牲品。

真实案例

埃德加·沙因在书中描述了一个他作为企业顾问时遇到的真实例子。汽巴—嘉基（Ciba-Geigy）公司是一个位于瑞士巴塞尔的大型化学制药跨国公司，公司邀请埃德加作为顾问帮助公司建立一种变革的氛围，从而让公司能够以更灵活的方式应对周边不断变化的商业环境。和其他大型公司类似，汽巴—嘉基公司也是由大量边界清晰的业务部门、区域部门和职能部门组成。令人欣喜的是，随着对这些部门、组织深入的了解，埃德加发现在组织中某些非常具有创新性的想法和事情正在发生。作为建立变革氛围的一部分，埃德加将他认为好的想法记录下来并交给了公司联络人，并恳请联络人将其分发给其他那些也会从这些好的想法中受益的业务部门经理。然而，几个月之后，埃德加失望地发现，汽巴—嘉基的联络人压根就没有把那些好的想法分享给其他经理，而似乎不同部门的经理也没有太大兴趣相互分享和传递新的想法。造成这一切的原因，其实都是因为汽巴—嘉基公司的文化中，大家都有一个共同的假设：即每个经理所分管的领域，都是边界清晰的“私人地盘”，未经允许，大家都心照不宣地互不侵犯。因此，这就可以理解为什么联络人没有把那些好想法分享给其他经理，而且不同部门的经理人似乎也对跨部门的沟通兴趣不大。汽巴—嘉基的文化让这些行为成为类似未经邀请擅自闯入别人家里一样“粗鲁”。因此，埃德加·沙因指出，“要想理解这类情境，需要采用文化的视角；通过文化的镜头来看组织和世界。

6.1 问题描述

虽然已经有那么多例子生动地说明文化在一个组织中的重要作用，然而，作为一个技术团队的管理者，你也许会如前文提到的比尔·奥莱特在其成立第一家公司时脑中的想法一样，会觉得团队文化只是打造高绩效团队的旅程中锦上添花、无关痛痒的部分。其实不然，正如 IBM 的前 CEO 郭士纳所说，“文化不只是游戏的一部分，而是游戏的本身”。如果在你的团队中也存在下列这些现象，那么本章介绍的方法，将帮助你在团队文化打造上快速迈出改变的第一步。

现象 1：企业文化缺失

从企业层面缺乏一种明晰、可落地执行的企业文化，将导致员工缺乏对企业存在价值的认同。在《自卑与超越》一书中，作者指出：获得“自尊”是人生中意义非常重要的原因；而“自尊”，简单地说，就是让人成为有意义的事情中有意义的贡献者。因此，企业文化的缺失，更重要的影响在于员工缺失了对自己日常工作和一件有意义的事情之间的连接，我们很难想象一个无法让自己的“自尊”获得满足的员工能够全力以赴地完成自己的工作。

现象 2：企业文化和价值观仅仅成为挂在墙上的口号

是不是意识到了企业文化和价值观的重要性，然后明确了企业文化和价值观就解决问题了呢？实际上，在很多团队中，企业文化和价值观往往只是挂在墙上，而没有走到每一个团队成员的心里。很多团队成员对自己公司的企业文化和价值观都没能完全记住，或者是只记住了空洞的口号，却从没有思考过如何在实际工作中去运用。

现象 3：团队缺乏对企业文化和价值观的“私人订制”

“盲人摸象”的故事生动地诠释了对同一个事物，不同人之间的认知差异。放到一个团队中，即使团队成员都知道企业文化和价值观，但是如果缺乏一个对通用的企业文化在本团队的“私人订制”的过程：即把通用的企业文化和本团队特点相结合，以及确保团队成员对企业文化的“内涵”和结合本团队特点的“外延”都有统一的认识，那么企业文化也仅仅是从墙上走到了团队成员的口中，却依然不能落到实际的行动中。

6.2 解决方案和实施步骤

为了打造切实可操作的企业和团队文化，先让我们从企业文化的定义入手。企业文化，是一个组织由其价值观、信念、仪式、符号、处事方式等组成的特有的文化形象。因此，从这几方面特有的文化形象作为切入口，让团队成员通过充分的讨论形成一致的理解，从而让企业文化在团队中发挥以下作用。

胶水作用：让团队从一盘散沙变成有凝聚力和执行力的利益共同体。

地基作用：统一的文化是团队的“压舱石”，无论是在一路高歌猛进时，还是在面临挑战和危机时，都能让团队有稳定和坚实的成长基础。

标尺作用：共同的目标，一致认可的处事方式，都是在成长中团队成员衡量自己和他人工作的标尺。

罗盘作用：价值观指导了团队成员在工作中做出最优的决策，有了统一的价值观，无论环境如何变化，整个团队都能经由各个独立团队成员的决策整体朝正确的方向前进，就好似整个团队拥有一个共同的“罗盘”一样。有了这共同的罗盘，“人心齐，泰山移”就能得以实现。

具体来说，技术团队领导者可以通过下面的步骤在团队中开启团队文化建设的旅程。

第一步：团队名称和形象标识讨论

为什么团队文化打造要从团队名称和形象标识开始呢？原因有两方面：首先，团队名称和形象标识讨论相对比较轻松，同时也是团队文化中重要的组成部分，从这个领域开始讨论，能够让团队成员在轻松愉悦的氛围中进行想法的碰撞和磨合，为接下来的其他领域的讨论打下基础；另外一个原因在于讨论团队名称和形象标识，能够帮助团队打造相互间的亲和。正如西奥迪尼博士《影响力》书中揭示的，人们都喜欢和自己有着共同特征的人，而讨论团队名称和团队形象标识的过程，就是团队寻找和确定共同特征的过程。

团队形象标识既可以包括团队 logo、吉祥物、口号等共同珍视的东西，也可以包括团队故事。只要这些形象标识能够直接和明确地提醒和传递团队文化的核心部分即可。在下面“模式应用案例”一节中，我们将通过一些真实的案例，看到这些团队形象标识对促进团队文化的重要作用。

第二步：团队价值观“内涵”和“外延”讨论

价值观是打造团队文化非常重要的一个环节。由于大多数企业都会有组织层面的价值观，因此在这一步中，实际上要做的就是如何让组织的价值观连接上团队的地气，并且让团队对其“内涵”和“外延”都有统一的认识。

在实践讨论中，一个推荐的讨论方式是利用图 11 中所示的价值观“内涵”和“外延”四宫格组织团队讨论。对于每一个企业，我们都可以准备一张大的白板纸，按照图 11 的方式划分为四个区域。同时给每一位参加讨论的团队成员发放若干张黄色便利贴。在讨论中，团队成员依次在便利贴上写上以下三个问题的答案。

问题 1：我如何理解这个价值观；

问题 2：哪些实际工作中的行为践行了这个价值观；

问题 3：哪些实际工作中的行为违背了这个价值观。

在每一位团队成员把便利贴粘贴到相应的区域之后，主持人邀请每一位团队成员把自己所写的内容分享给团队其他成员。接下来，团队将利用第七章中展示的“发散—收敛”工具，对所有白板上的便利贴进行分类合并和收敛，利用共识式决策的方式，留下所有团队成员都认可的部分。通过这几步，就完成了团队对这个价值观“内涵”和“外延”的私人订制。

图 11　价值观“内涵”和“外延”讨论四宫格

第三步：团队处事方式讨论

在企业文化的定义中我们看到，团队的处事方式同样是团队文化非常重要的一部分。然而，与团队名称、价值观等受重视程度不一样，团队处事方式往往会被团队领导者忽略。实际上，当我们对团队内部低效决策或者是不必要的内耗进行分析时，没有协同一致的团队处事方式常常就是造成问题的原因。例如，对于软件开发团队，一个问题是：当我调用另一位同事开发的接口（API）进行编程时，我是否可以信赖他对接口的健壮性（Robustness）进行的设计和测试，因而我无须再进行额外的保护性编程。因为，冗余的保护性编程是一个典型的内部浪费。如果团队没有协调一致的处事方式，那将对团队的效率产生消极影响。

因此，我们可以在完成了价值观的讨论之后，列举出一系列工作中典型的场景，让团队成员一起来回答："基于我们认同的价值观，我们在这个场景中应该如何行事？"例如，常见的场景包括：

——如何面对失败；
——如何处理工作中的冲突；
——如何给其他人提供建设性反馈；
——如何管理风险；
——如何在创新和本职工作间达到平衡；
——团队是如何庆祝"胜利"的；
——团队共同的假设和期望是什么；
——什么是团队的骄傲；
——是否有规定的程序和步骤需要团队遵循；
——是否每个人都能遵循和支持团队已经形成的团队文化，需要做什么改变；
……

在这些讨论中，我们仍然可以利用"发散—收敛"工具和"共识式"决策模型，让团队达成一致。

6.3 结果

完成了上述三步之后，你的团队将有以下收获。

团队名称和形象标识；

对企业价值观的“私人订制”，即对企业价值观在团队中的“内涵”（是什么？）和“外延”（意味着什么？）的统一理解；

基于团队认可的价值观，团队协同一致的处事方式。

团队名称和形象标识能够大大增强团队成员与团队之间的连接，而针对团队特点“私人订制”的价值观，会成为团队每一个个人行为和决策的指南，而团队协同一致的处事方式，会成为价值观在实际工作中落地的最佳体现。有了这些助力，团队在打造高绩效团队上又迈进出了坚实的一步。

在《怕死：人类行为的驱动力》一书中，作者描述了一个非常有趣的心理学实验：若干名心理系的学生被分为三组并告知将进行一个心理学的实验。实验内容很简单，就是观察他们在受到电击时的紧张反应。然而，在进行电击之前，三组学生中的第一组和第二组进行了一个智商测试，第一组的被试者在结束测试之后都被告知他们的智商明显高于平均水平，而第二组的被试者在结束智商测试之后都被告知他们的智商低于平均水平，而第三组作为对照组没有进行智商测试，也没有被告知任何关于智商水平的信息。在接下来的电击测试中，非常有趣的是，被告知智商高于平均水平的被试者都表现出了更低的紧张程度，而被告知智商低于平均水平的被测试者，都表现出了更高的紧张程度。这个实验证明了，就算只是被告知一些虚假的信息，也能帮助人在短期内提升自尊程度，而更高的自尊程度甚至能够降低一个人面对挑战和压力的紧张程度。

同样，在那些取名为“永争第一”或者“创新大师”的团队，仅仅是因为对队名的认可，也会提升团队成员对自我的认知和自尊水平，从而让他们的行为产生改变以更好地符合他们的自我认知。这也解释了为何那些取名为“创新大师”的团队，有时真的会比其他团队在创新方面做得更好的原因。这也证明了一个好的团队名字是团队文化中非常重要的一部分。

6.4 模式应用案例

应用案例 1：功勋绶带背后的秘密

成就拿破仑千古一帝伟大传奇的一个重要原因，就在于拿破仑非常聪明地发现了利用文化的强大力量去推动其战略实现的秘密。当年，在巴黎的一个房间里，拿破仑和所有将领坐在一起讨论如何攻打俄国，拿破仑说：“我们现在讨论的进攻计划就是战略，但是，让 100 万大军心甘情愿向莫斯科进军的是文化！”那拿破仑是如何在军队中建立强大的文化帮助他实现其战略目标呢？这就要提到拿破仑从一条绶带背后发现的秘密。“我有一个世上最奇妙的发现”，拿破仑曾说，“我发现人为了获得绶带愿意冒着生命的危险，甚至宁死不惜。实际上，给我一条绶带，我会给你一支军队；给我足够的勋章，我能征服整个世界！”在这里，拿破仑就是利用了将军队的团队文化——英勇善战和一个外化的团队形象标识——功勋绶带——连接在了一起。通过看得见、摸得着的团队形象标识，对符合团队文化的行为进行了强化，从而引导团队成员的行为更好地符合团队文化的要求。在各国的军队中，利用绶带和勋章作为团队文化形象标识，强化军队的团队文化都依然是沿用至今、屡试不爽的强军文化的实践。其实，这样的方法，用在技术团队，也同样奏效。

应用案例 2：诺基亚团队的“12 条军规（12 Principles）”

《哈佛商业评论》2014 年 9 月的一篇文章中写道：“如果说价值观提供了团队前进的罗盘的话，那么团队协同一致的工作方式就给团队指出了达到目标的最佳路径。”例如，在诺基亚，除了在四个公司价值观——尊重（Respect），挑战（Challenge），成就（Achievement），不断更新（Renew）之外，还有 12 条大家一致认可的原则。通过这 12 条原则，价值观才得以更好地落地。这 12 条原则如下。

原则 1：我们不会让公司的官僚层级和体制束缚我们（We do not let hierarchy define us）。

原则 2：我们拥抱创业的精神和行为（We celebrate entrepreneurial behavior）。

原则 3：我们推崇执行力、以数据为驱动，结果为导向（We are execution-oriented，data-driven and results-focused）。

原则 4：我们专注为客户创造价值（We obsess about value creation）。

原则 5：我们对伟大的产品和服务我们的客户充满激情（We are passionate about great products and our customers）。

原则 6：我们总是把团队放到自我的前面（We put team before self...Always）。

原则 7：我们痛恨玩弄权术（We abhor politics）。

原则 8：我们相互尊重，同时有勇气去挑战不合理（We give respect and have the courage to challenge）。

原则 9：我们永不言弃（We do not give up）。

原则 10：我们相互信任（We trust）。

原则 11：我们持续学习，学习更多（We learn. Then we learn some more）。

原则 12：每个人都是以自我的行为为榜样的领导者（We have leaders who lead）。

正如诺基亚 CEO 苏力在其给全公司员工的邮件中提到的：“……凭借这 12 条诺基亚原则，我们诺基亚的工作方式将成为我们公司在竞争中的比较优势。这 12 条原则并不会替代我们诺基亚的价值观，相反，这 12 条原则在实践中会帮助我们按照我们的价值观行事，从而为客户和公司创造更大的价值。”这 12 条原则，正是我们前面提到的基于价值观的团队行为方式。如果说价值观有时稍显抽象的话，那么这些行为方式和原则就是让价值观从纸面上真正“活”起来，体现到工作中点滴之处的最有效的“桥梁”。

第7章 “统一认知”的模式：用广而告之的方式展示愿景

社会科学家詹姆斯·威尔逊(James Wilson)和乔治·凯林(George L. Kelling)共同提出了著名的“破窗理论”。这项理论表明，即便是环境中一个微小的信号，例如一个住宅区的一扇窗户破了，都有可能为范围更大的负面行为推波助澜，原因就在于它所传达出的社会规范意味。“破窗理论”指出了环境的强大暗示作用。实际上，无论是负面行为，还是正面的行为，只要对环境做出一些微小的改变，都能收到显著的成效。行为科学家基思·凯泽（Kees Keizer）和同事做过一个实验。他们在一个贴了邮票、写了地址的信封里放了一些钱，并把信封半塞、半露地放在路边一个邮筒里，过路的行人都能看见信封中放着钱。在第一组实验中，地上没有乱扔的垃圾，而第二组实验中，地上随意扔了很多垃圾。非常有趣的是，当地上有垃圾时，25%的人拿走了信封中的钱，而地上没有垃圾时，钱被拿走的比率大大下降：只有13%的路人拿走了信封和里面的钱。这个实验显示环境对人们行为具有多么强大的影响力及暗示。

管理大师彼得·德鲁克曾经说过：“企业的唯一目的就是创造顾客，……，因此唯一重要的事情就是营销，其他事情都可以外包出去。”在德鲁克看来，成功的公司都需要通过营销来创造价值、宣传价值、传递价值，以期达到赢得客户、留住客户并拓展客户的目的。如果说，对于企业而言，需要去营销的是其所提供的产品或者服务的话，那么对于团队而言，团队的愿景、价值观和文化就是团队领导者需要去精心地营销，从而达到赢得团队成员、留住团队成员和拓展团队新成员的目的。然而，对于很多技术团队的管理者来说，能够有一个团队共同讨论出来的愿景已然是不错了，再花费“宝贵”的时间去“营销”这些愿景，似乎是做了一些无用的“浪费”……

实际上，正如我们在“破窗理论”中看到的一样，心理学和社会行为学的研究充分证明了，环境中细微的线索和暗示对人们行为所产生的强大的影响力。暗示是人类常见的一种心理现象，我们每天都生活在一个充满暗示的环境中。虽然我们没有有意识地察觉到，但是我们许多的活动都在无意识地受到来自外界环境，如气味、颜色、声音、语言、他人，以及自我的暗示，暗示会在人脑中形成一种观念，并转化为一定的行为表现。正如心理学家洛柴诺夫指出的，“这是人类个体之中一种普遍的品质，由于它，才使人和环境间的无意识关系发生作用”。这里所谓的“发生作用”，我们可以理解为人的心理会由于暗示的刺激而产生某种能动性，这也就是人的可暗示性。

日本心理学家曾经做过一个利用言语对人产生暗示并引发行为改变的实验。在实验中，二十位成年人被邀请站在这位心理学家面前，然后他举起一个瓶子并告知所有被试者瓶中装有某种强烈甜酸气味的气体，95%的人都能够闻到这种气味，但是还有 5%的人由于天生嗅觉的缺陷无法闻到。“我现在准备打开瓶塞，大家如果嗅到气味，就举手示意”。当心理学家说完并打开瓶塞，二十位被试者无一例外地都举手表示闻到了气味。但是，实际上瓶中只是装有无色无味的空气而已。这个实验充分地说明了环境的暗示（在这个实验中是言语）对人的行为所能够产生的改变作用。

作为一位技术团队的领导者，如果你希望团队成员的心理和行为都能按照团队愿景、价值观和文化所期望的方式行事，那么充分重视环境的强大暗示作用，就是“投入产出比”最高的方式之一，这也就是本章所谓“用广而告之的方式展示愿景”的原因和用意。

7.1 问题描述

作为一位团队领导者，你希望，经过讨论并达成一致的团队愿景，不仅仅停留在纸面，而是“活”在每位团队成员日常工作中。然而，……在日常工作中，你可能会“失望”地发现：

团队成员可能很快就把达成一致的团队愿景和价值观遗忘了；

那些被赋予了美好期望的愿景和价值观并没有成为团队成员日常讨论中的热点或者高频词汇；

当其他团队的成员来到你的团队所在的工作区域时，他们并不能立刻意识到你的团队拥有很棒的团队愿景，更谈不上对他们产生吸引了；

符合团队愿景和价值观的行为似乎并没有得到鼓励和表彰；

……

在你看来如此重要的团队愿景，为什么会在日常工作中无声无息地被团队成员遗忘了呢？让我们再一次回到心理学的研究，看一看人为什么会把记忆弄丢。历史上最早对遗忘进行实验和研究的是德国心理学家赫尔曼·艾宾浩斯（Hermann Ebbinghaus），他提出了著名的“遗忘曲线”。按照艾宾浩斯的研究理论，人遗忘的进程并非是线性的，而是呈现一种不均衡的趋势——先快后慢，先多后少，呈负加速的趋势。其遗忘背后的原因，可以利用亚里士多德和桑代克的“记忆痕迹衰退说”来解释。虽然我们的所思所想，所见所闻都会在大脑中留下痕迹，但是如果记忆痕迹得不到持续的强化就会逐渐衰退，直至完全消退，就像海浪冲刷的海滩，如果你希望踩下的脚印能够随着时间推移和海浪冲刷还能存留的话，那最好的办法就是经常去你踩下脚印的地方加深一下印记。

如果你希望团队愿景、价值观和文化不被团队所遗忘，能够“活”在团队成员日常的工作和行为中，那么对抗“遗忘曲线”的最好办法，就是通过各种方式去强化团队成员在这方面的记忆。充分利用环境的强大暗示作用，应该是你“工具箱”中第一个被选用的好方法。

7.2 解决方案和实施步骤

巧妙利用环境的暗示力量，细微的改变就可能加深团队成员对团队愿景、价值观的记忆并转化为行为。具体来说，团队领导者可以采取下面的行动。

1. 将团队愿景和价值观制作成海报在团队工作区域张贴

虽然这是有些团队领导者“不屑”采用的方式，但是从心理学和社会行为学的角度，不可否认，这的确是非常有效的环境暗示的方式。正如上面提到的日本心理学家所做的气味实验。人下意识地会认同悬挂在墙上的东西的权威性（例如政府的政策宣传，学校的校训，小到所居住小区的通知，等等），因而暗示自己增强对其的认同感。巧妙利用这一心理现象，将团队愿景和价值观制作成海报在工作区域张贴（如图 12 所示），并不会引起团队成员的反感，相反，环境的暗示还能增强团队成员对其的认同感。

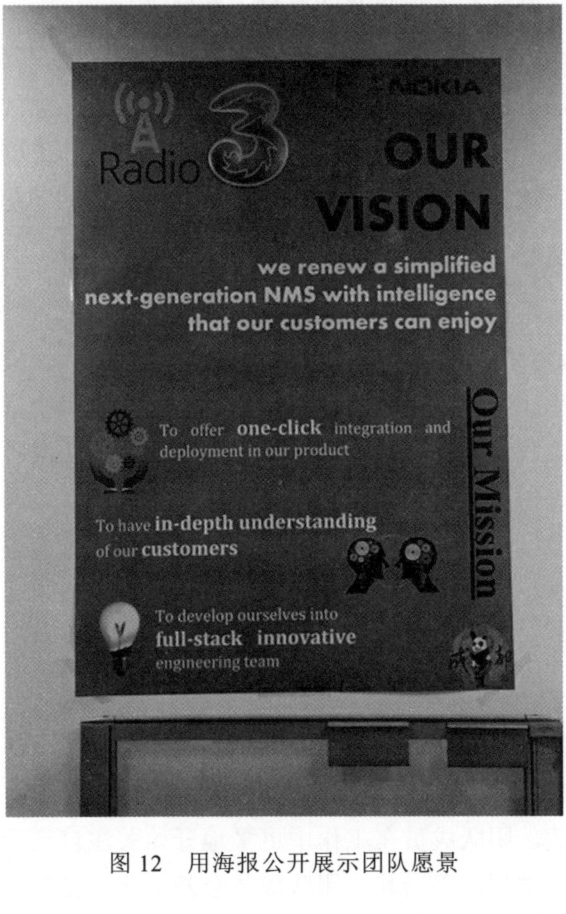

图 12　用海报公开展示团队愿景

2. 鼓励团队成员在公开场合就团队愿景和价值观进行讨论

利用语言的暗示作用，以及社会一致性的压力，都可以增强团队成员对遵从团队愿景和价值观这一“一致性”的追求。下面是一些有效的活动。

（1） 团队会议上的“Who Thank Who”环节。

在团队会议上，团队领导可以邀请团队成员表达对其他成员的感谢，唯一的要求是感谢的原因需要和团队愿景、价值观和文化挂钩。例如，在一个以“尊重”为价值观的团队里，感谢的原因可以是“作为一个团队新成员，我想感谢团队架构师 A，因为在我提出了对现有代码中一个函数的重构意见时，他并没有立刻否定我的想法，而是认真地听取了我的意见，并且和我一起讨论出了最后的重构方案。我感觉到了他对我的尊重，谢谢 A！”

试想一下，在团队会议上，当 A 听到这样的感谢，他得到的暗示一定是今后会做更多类似的事情，因为人天生喜欢被表扬，并且愿意做出行动以获得赞赏。这样一来，就会有更多团队成员愿意按照团队愿景和价值观所指引的方向和方式行事，也就达到了我们希望团队愿景和价值观“活”起来的目标。

（2） 团队奖励中对团队愿景、价值观和文化的体现。

不同的团队有不同的奖励和评选优秀员工的方式。除了传统的“论功行赏”的评选方式之外，将团队奖励和优秀员工评选与团队愿景、价值观和文化挂钩，也是非常好的强化团队愿景暗示的方式。例如，某团队每个月都会评选“月度之星”，开始时的方式是团队管理或团队领导者按照对团队成员平时工作的观察进行提名，却发现造成的结果是团队成员更倾向于在团队领导者面前表现，以期“邀功请赏”。因此，团队领导者更换了评选方式：每次月度之星评选，都由团队成员自行提名，并且提名理由需要和团队愿景、价值观和文化挂钩，团队领导者只需要对最后结果进行统计，得到有效提名最多的员工就是当月的“月度之星”。

做了这个细微的改变，带来的变化却是：团队开始有更多的关于团队愿景、价值观和文化的讨论，因为大家要提供提名理由，而这些理由需要和团队愿景、价值观和文化相关。团队成员在工作中更多地开始关注自己的行为是否符合团队愿景、价值观和文化，因为其他团队成员会基于此来发掘“闪光点”。同时，由于社会一致性的原因，当越来越多的团队成员开始关注团队愿景、价值观和文化的时候，其他团队成员得到的“暗示”会是：我需要和其他人靠拢，从而让我也符合同样的行为模式，不显得格格不入。这样一来，关注和践行团队愿景、价值观和文化就会成为一种风气和氛围。

（3） 利用“信息辐射”形成围绕团队愿景、价值观和文化的“小圈子”。

除了上面提到的有引导性的暗示，作为团队领导者，你还可以考虑在工作场所倡导形成一个围绕团队愿景、价值观和文化的较为随意、无须特别规划的互动空间。

例如，《敏捷软件开发》的作者阿里斯泰尔·库克伯恩（Alistair Cockburn）就推荐了一种“信息辐射”的方式：即在工作场所显眼的地方放一块大大的书写板，经过的人，无论是在书写板上留言，还是仅仅阅读书写板上的内容，都会受到书写板上信息的“辐射”，得到相应的暗示。例如，如果某个团队的愿景是成为第一流的 DevOps 软件开发团队，那么在团队工作空间放置一块书写板，上面让团队成员就主题“DevOps 对我意味着……”写下自己想说的话，都会营造出一个围绕 DevOps 这个愿景的“小圈子”。如果你也信赖你的团队，那么你将惊奇地发现这些围绕团队愿景、价值观和文化的“小圈子”，会让你的团队更好地践行这些你们一致认可的理念。

7.3 结果

通过将团队愿景、价值观和文化以不同的方式和渠道发布在团队成员最容易看到的地方，充分利用环境的暗示作用，能够促使团队开始让这些本来只留存于纸面上的文字，变为交谈的话题，成为评价的标尺，最终潜移默化地引发团队成员行为的改变。对于一个软件开发团队，我们常说验收测试驱动开发（ATDD，Acceptance Test Driven Development）最大的收益就是让原本写在纸面上的需求成为可以被执行的规格说明书，那么用广而告之的方式展示愿景，最大的好处就是让原本冷冰冰的团队愿景、价值观和文化真正“活”在了团队成员的日常点滴工作之中，这也许才是当初制定这些愿景的真谛所在吧。

真实案例

在《从 1 到 100，用心求变》一书中，作者 Linda Rising 提到其自身经历的一个案例：作为大学学生管理协会的指导教师，Linda 试图倡导学生定期去浏览学生管理协会的官方网页，以关注最新的活动、资讯和通知。可惜只有寥寥几个学生响应了这个倡议。直到有一天，协会的一个管理人员把协会的网址写在一张海报上，并且张贴在学生们最喜欢去的计算机实验室里，从那以后，协会的官方主页的点击率“神奇”地有了 10 倍的增长。Linda 总结道，“经验证明，人们只有在不同场合看到同一个话题不断被提及和展示，才能真正有所触动。”

7.4 模式应用案例

应用案例：利用“游戏化”让团队愿景、价值观和文化“活”起来

游戏化是将游戏设计的元素和游戏的理念引入到非游戏的领域，例如敏捷软件开发或者高绩效团队建设。游戏化的目的是提升团队成员的参与度，提高组织效能，打造学习型组织，激发员工创意，更可以提高员工的满意度和幸福感。“游戏化”设计基于的一个非常有趣的发现：人在游戏中往往非常投入，甚至不觉得辛劳。假设能够把日常的工作也变成一个“游戏”，那就能够让员工在轻松地玩“游戏”的过程中高效地完成日常的工作，这对组织和员工来说就是双赢的设计。

“游戏化”设计也可以帮助团队领导者在更好地展示、宣传及推动团队落实团队愿景、价值观和文化上发挥大用途。例如，在诺基亚公司，某团队是这样设计团队愿景游戏的。

游戏名称：“团队愿景”岛寻宝

游戏规则：

规则 1：游戏持续时间 6 个月。

规则 2：每个月每个团队成员将获得 3 枚“团队愿景”金币的补充。

规则 3：如果有其他团队成员在日常工作中践行了团队愿景，价值观和文化给你或者团队带来了帮助，你可以把 1 枚“团队愿景”金币奖励给他。

规则 4：如果一个月之内你没有奖励过其他团队成员“团队愿景”金币，那么你将被扣除 2 枚“团队愿景”金币。

规则 5：每个月获得“团队愿景”金币最多的团队成员将获得 1 枚“团队愿景”铜制勋章，以及“月度之星”称号。

规则 6：累计 2 枚“团队愿景”铜制勋章可以升级为 1 枚“团队愿景”银制勋章。

规则 7：累计 2 枚“团队愿景”银制勋章可以升级为 1 枚“团队愿景”金制勋章。

规则 8：获得“月度之星”称号的团队成员可以有权和另一位团队成员组队，组队之后金币和勋章的计算按照团队之和统计。

规则 9：第一个获得“团队愿景”金制勋章的个人或者团队将赢得“团队愿景”岛寻宝的胜利，并可获得团队活动经费 500 元。

规则 10：游戏期间将在团队工作区域的展示板上实时显示各位团队成员的成绩。

当团队成员第一次看到这个“游戏”的时候，都觉得有点出乎意料，因为大家从来没有游戏化工作内容的经历，而且团队成员中有人担心游戏中的竞争性会带来负面的影响。但是实际上，担心的事情并没有发生，相反，团队成员在践行团队愿景、价值观和文化的过程中，发现了身边闪光的人和事；在对其他成员表达感谢，以及接受其他成员感谢的过程中，在和其他成员组成新团队一起“闯关”的过程中体会到了快乐。因此，在游戏结束时，团队惊奇地发现，大家的聚焦点已经不再是谁获得了“团队愿景”岛夺宝的冠军，而在于游戏过程中，大家通过践行共同的愿景、价值观和文化而更紧密地凝聚在了一起！通过这个游戏，抽象的团队愿景、价值观和文化“活”了！

第 8 章 “确定目标”的模式：金字塔原理与目标制定

1919 年，沃尔特 · 迪士尼（Walt Disney）被《堪萨斯城星报》解雇了，这位政治漫画编辑得到的评语是：“他（迪士尼）缺少创意。”但是，就是这个“缺乏创意”的沃尔特 · 迪士尼，创立了闻名遐迩的迪士尼公司（The Walt Disney Company），制作了世界上第一部全对白动画片、第一部宽荧幕动画片，以及数不胜数大受欢迎的动画角色，米老鼠、唐老鸭、小熊维尼、狮子王、白雪公主、美人鱼等。

2012 年，英国生物学家约翰 · 戈登爵士（Sir John B. Gurdon）因为对生理学和药学做出的卓越贡献而获得了当年的诺贝尔奖。但是，翻看当年戈登在伊顿公学（Eton College）的成绩单，戈登在校长那里得到的评语却是：“我相信戈登想当个科学家，但是按照他现在的表现，我看这个想法颇为荒谬！”

令人欣慰的是，无论是早期迪士尼事业上的挫折，还是戈登所得到的评价，都没有阻碍他们在后来得到惊人的成就。这一切，都来源于他们知道自己的目标，以及对目标不懈的追寻。实际上，同样的道理也适用于那些期望成就卓越的团队，明确的目标，以及对目标从不言弃的追寻。在接下来的几章中，我们将就如何与团队成员一起明确有意义、可追踪、可评估的目标，提供几个非常有效的领导力模式。

第 8 章和第 9 章将介绍“团队制胜六步工作法”中的“确定目标”模式：

- **金字塔原理与目标制定**
- **Smart KPI**

项目经理小王被派到某客户现场负责公司的一个实施项目。项目包括两百多个客户验收点，并且这个客户是出了名的苛刻。进过一个多月的奋战，项目顺利结束，小王的主管除了对小王进行了表扬和项目奖励，还特地向公司管理层举荐了小王。当被问到为何要举荐小王时，主管道出了两个理由：“第一，小王在出发去客户现场前，除了详细了解了客户的需求之外，还专门询问了我对这个项目的期望,以及我对项目运行中最关注的方面。基于对我的需求的理解，小王确定了和我的沟通目标。”主管停顿了一会儿，继续说道：“这第二个理由是，小王到了现场之后，每天会给我发送邮件汇报工作进展。但是与其他项目经理不同，小王因为了解到我对项目进行中的风险最为关注，因此每天的邮件标题会清晰地注明‘×月×日项目日报——今日项目进展正常，无风险’或者‘×月×日项目日报——今日××领域有风险，详见邮件’。每天，在众多邮件中，我只需要看一眼标题，就能确定是否需要打开小王的邮件正文。小王让我用最短的时间获取了我希望获得的信息，满足了我的需求。我相信，有了这样的项目经理，客户的需求一定能够得到最好的满足！这样的人才，一定会为公司做出更大的贡献。”

这是一个发生在现实中真实的案例，故事中的小王现在已经成长为公司的高级项目经理，而他的主管不知道的是，在这个案例中，小王只是结合了《高效能人士的七个习惯》中“以终为始”的习惯和“金字塔原理”制定了和主管的沟通目标，以及实施了基于此目标高效的沟通。因此在本章，作为技术团队领导者，你将学习到如何应用“以终为始”的思维和“金字塔原理”，与团队一同高效地进行目标制定。

在讨论具体的问题和解决方案之前，我们先来看看在本章的模式中将用的两个有力的“武器”，即“以终为始”的思维和著名的麦肯锡“金字塔原理”。

《高效能人士的七个习惯》作者柯维在“以终为始”这个理论中希望传达的观念是：在着手做任何事情之前，需要认清方向。这样不仅可以对当前的状况有更好的了解，更能确保在追寻目标的过程中，不至于迷失方向。一个有趣的“测试”可以生动地说明“以终为始”的理念：如果你希望知道自己心中真正渴望的目标，那么你可以问自己这么一个问题，“设想今天是我的 100 岁生日，在我的儿孙们欢聚一堂为我祝寿时，我希望在儿孙的致辞中，得到怎样的评价呢？”或许，这个场景中你希望获得的评价，才是你心中真正渴望的目标——这也就是“以终为始”中的“终”。而如果从一开始，我们就能清楚地知道这一点，那么我们就会在岔路很多的人生旅途中，少走很多弯路。

对于一个团队而言，如果能够在一开始就清晰地知道最终的目标，那么团队成员的埋头苦干才会有意义。

然而，大道至简却知易行难。也许我们都能理解“以终为始”中所强调的在出发时就明确目标的重要性，但是如何拨开“重重迷雾”厘清目标，这就是“金字塔原理”所提供的方法论发挥作用的地方。《金字塔原理》的作者芭芭拉·明托（Barbara Minto）是 1961 年哈佛商学院第一批录取的女学员，也是麦肯锡国际惯例咨询公司有史以来第一位女性咨询顾问。明托在《金字塔原理：思考、表达和解决问题的逻辑》一书中展示了一个层次化、结构化思考和沟通的技术。整本书的核心思想可以用十六个字来概括：

结论先行，以上统下，归纳分组，逻辑递进。

这十六个字的金字塔原理核心思想，可以广泛地应用到制定规划、写文章、做汇报和解决问题上。例如，在制定规划时，应该从顶层目标（例如长期目标）逐步分解到底层目标（例如中期和短期目标）；在写文章时，应该先表明中心思想，再展开阐述论点，最后对每个论点展开详细阐述；而在做汇报时，按照金字塔原理，应该先抛出中心论点和一级论据，如果有需要，再详细展开；如果把金字塔原理应用在解决问题上，那可以用以下两个公式来总结核心思路。

公式 1：问题=目标-现状

公式 2：解决问题=解决子问题 1+解决子问题 2+解决子问题 3+……

例如，对于软件开发团队，希望解决“软件出现的质量问题”，就应该将这个问题分解为若干子问题——需求的问题、代码开发的问题、测试的问题，以及验收的问题，然后逐一解决这些问题，从而获得对总的问题的解决。

在了解了“以终为始”和“金字塔原理”这两个有力的工具之后，让我们来看看如何利用这些工具来解决团队在明确目标过程中经常遇到的问题。

真实案例

中兴通讯领导力总监刘灿曾在其《金字塔原理》的培训中讲过这么一个故事：在中兴某个重要的客户现场支持项目中，项目经理 A 被管理层指派去现场负责整个项目的推进。管理层对项目经理同时还有一个期望，希望每天从项目经理那里获得项目的最新进展，因为这个项目对公司来说非常重要。项目经理 A 后来被管理层大为赞赏，原因是他聪明地使用了“金字塔原理”中的十六字原则：结论先行、以上统下、归纳分组、逻辑递进。项目经理 A 是这么做的：首先，他利用邮件给管理层进行每日汇报。在每日汇报邮件的标题中，只有两个格式：“××月××日：项目进展顺利”，或者“××月××日：项目运行有风险，需要关注和支持”，这其实就是“结论先行”的体现。对于日常工作繁忙的管理层，只需要阅读邮件标题，就能知道是否需要花时间继续阅读邮件内容。而在邮件正文，项目经理 A 也非常注意信息递进的格式：重要的信息在最上方，而且不同层次的信息利用不用的文字缩进和字体，从而让管理层一眼就能看出哪些是重点信息，哪些是细节信息。

正是因为非常好地在这个项目中运用了“金字塔原理”，项目经理 A 也被管理层发掘，后来被提拔为高级项目经理。

8.1 问题描述

假如你是技术团队的领导者，在和团队成员一起确定目标的过程中，或许会出现下列的问题。

问题 1：团队制定的目标中太多是长期和中期目标，缺乏有效的分解

长期和中期目标看起来“很美”，但是却往往缺乏实操性。同时，因为长期和中期目标需要比较长的时间（例如若干个月）才能是实现，制定了太多这样的目标，会被牵着鼻子走，反而变成没有目的性了。

问题 2：目标只定义了要做什么，却缺乏具体的验收标准

团队往往会觉得确定目标的“终点”就是定义出要做什么，却忽略了更为重要的、具体的、可操作的目标验收标准。例如，某团队制定的年度目标是在过去一年的基础上提升软件交付质量，以及提高团队软件开发的效率，但是，缺乏具体的验收标准，这个目标注定是没法实现的。

关于给目标设定具体的验收标准，营销学教授毛拉 · 斯科特（Maura Scott）和斯蒂芬 · 诺里斯（Stephan Nowlis）曾经做过一个有趣的实验。在实验中，研究者找了一家健身俱乐部，将那些愿意参加为期 10 周的减肥项目的俱乐部成员分为两组制定减肥目标。在第一组，减肥目标是一个没有具体验收标准的“笼统”的表述，即在项目结束时体重比之前降低；而在第二组，减肥目标有非常具体的数字，如在一周之内减去 2～3 磅。每周初，两组学员都会称量体重，以计算减掉的重量。虽然从减肥效果上看，两组之间的差别并不是很大：第一组平均减重为 2.2 磅，第二组平均减重为 2.67 磅。但是，在“是否愿意继续参加为期 10 周的减肥课程”这个问题上，两组人的态度却有截然不同的差别：第一组中只有不到 50%的人愿意继续参加，但是，第二组中有近 80%的人都注册了后续的课程，并交纳了 25 美元的学费。从这个实验中，我们可以看到设定一个具体的目标验收标准，对帮助人们牢记目标和实现目标有多么大的帮助。

问题 3：缺乏定期回顾目标和迭代式的修改目标的机制

很多人一定听过“世界上唯一不变的就是变化（The only thing that never changes is that everything changes）”这句经典名言。对于团队的计划而言，同样的道理依然适用。无论计划多么完美，都会随着时间的推移变得过时或者不再有效。但是计划的过程至关重要。定期对目标进行回顾，迭代式地对目标进行更新的机制，是“规划和实施”阶段重要的任务。

但是，在实际运作中，大多数团队都把规划过程当作了手段，而把规划结果当成了最重要的产出。有这样的指导思想，也就能理解为什么很多团队缺乏定期目标回顾、迭代式修改目标的机制。

要解决以上团队目标确定中的问题，“以终为始”的思维方式和“金字塔原理”将是两个有力的武器。

8.2 解决方案和实施步骤

要解决上面提到的三个团队目标确定中的问题，下面总结的“三步闭环目标制定法”是一个经过不同团队验证行之有效的方法。

第一步：从制定中长期目标开始，并逐步分解至短期目标。只对可见时间的短期目标进行详细规划

按照“以终为始”的思路，团队需要从中长期目标制定开始整个目标确定的过程，因为这样才不至于失去全局观。接下来，团队应该利用“金字塔原理”中“以上统下”的思想，将中长期目标逐步分解为短期目标。特别需要注意的是，在整个过程中，只需要对可见时间内的短期目标进行详细的规划。这么做的原因在于：第一，实践证明，中长期计划在大多数情况下都是会发生改变的。因此，对中长期目标和任务进行规划的核心，在于让团队统一前进方向，识别前进过程中的有利因素、风险、障碍，以及资源配置情况等信息。第二，对于可见时间范围内（例如接下来一个月或者一个迭代开发周期），虽然变化仍然会发生，但是团队可以很大程度上对变化发生的因素和影响进行识别和评估，并在详细规划中充分考虑。也就是说，长期目标的确定重在明晰方向，而分解之后的短期目标重在详细规划。只有在二者间达成了平衡，才能最高效率的平衡目标规划和总是发生的变化之间的矛盾。

在敏捷软件开发的 Scrum[①]实践中，开发周期被分为长度固定的迭代（Sprint）周期，通常团队会使用 2～3 周作为一个迭代周期。在 Scrum 的规划实践中，产品经理会维护一个产品级别的规划，这可以理解为中长期的目标。而团队只会在每个迭代周期开始时，对本次迭代进行详细规划（Sprint Backlog）。这种工作方式背后的理念就是充分认识到变化会发生，但是对于可见时间范围内（未

① Scrum，迭代式增量软件开发过程，通常用地敏捷软件开发。Scrum 是一种流程和方法。

来 2～3 周）的规划，则需要做到尽可能详细，并且通过提前识别变化发生的因素，降低变化所产生的影响。

而在另一种称为看板的敏捷实践中，甚至都不会对中长期进行目标确定和规划，所有团队需要完成的工作，都会进入团队的“待办事项列表”中，并按照工作的优先级触发一轮新的规划。这样的方式更进一步地提供了团队规划的灵活度。

第二步：为分解之后的短期目标确定验收标准

“以终为始”的思想还有另外一个非常重要的应用，就是为每一个分解之后的短期目标确定验收标准①。验收标准，顾名思义，就是定义了在该项目标达成之后，从客户的角度，应该满足什么样的条件。这里有两个需要特别提醒注意的地方：第一，验收标准应该是从客户的角度去描述目标是否实现，而不是从团队作为目标的实施者的角度去描述。例如，如果某团队制定的短期目标是提升客户满意度，则验收标准应该是基于本行业标准的客户满意度测评 CPI（Customer Perceived Index）结果比上一年度提升 10%。然而，有些团队会错误的用自己的视角制定验收标准，例如，在团队内部完成 *N* 个客户满意度提升项目，增加 *M* 次客户拜访。对比这前后两个验收标准，我们可以清晰地看到，前者是从客户的角度描述如何判断目标是否达到，这也是这个目标制定的最终目的；而后面的验收标准，更多的是从实施者的角度描述“做了什么”，即使这些验收标准都达到了，却并不一定能够保证客户的满意度得到提升，也就是说“终”还是没有实现。第二，验收标准一定是可以衡量的、可观察的。例如例子中的“客户满意度测评 CPI 指数比上一年度提升 10%”，就是可以衡量的验收标准；而如果制定的验收标准是“客户对产品的好感提升 10%”，则很难进行衡量，因此并不是一个好的验收标准。

表 3 是一个可供参考使用的目标分解和验收模板。利用此模板，可以促使团队对目标进行从上到下的分解，同时提醒团队为分解之后的小目标提供验收标准。

---

① 验收标准 Definition of Done，简称 DoD。

表 3

<table>
<tr><td colspan="3"></td><td>验收标准</td></tr>
<tr><td rowspan="3">总目标：</td><td rowspan="2">分解目标 1：</td><td>小目标 1.1：</td><td>（1）
（2）</td></tr>
<tr><td>小目标 1.2：</td><td>（1）
（2）</td></tr>
<tr><td>分解目标 2：</td><td></td><td>（1）
（2）</td></tr>
</table>

在敏捷软件开发实践中，验收标准是非常重要的一个环节。在 Scrum 敏捷实践中，可以定义不同层次的验收标准。

迭代的验收标准

对于一个为期两周的迭代，常见的迭代验收标准条款如下。

（1） 所有承诺的用户故事得到产品经理的验证。

（2） 所有的代码在代码质量管理平台中进行检查，并确保没有“严重”级别的错误。

（3） 所有新增代码都有人工代码审核。

（4） 所有完成的用户故事都有对应的测试，并在 QC 工具中进行记录。

用户故事的验收标准

针对每一个用户故事，完成的标准如下。

（1） 功能满足需求，包括没有尚未关闭的故障，代码满足组织的代码质量标准，性能、安全等非功能指标，等等。

（2） 功能是被完善测试的，包括：单元测试 100%通过，通过集成和系统测试，测试用例被记录，以及可追溯，等等。

（3） 有适当的文档对功能进行描述，包括：提供必要的客户文档，提供完善的 API 文档，提供内部技术文档，等等。

在优秀的敏捷实践中，在每一个迭代的最后，整个团队都需要对迭代的验收标准进行检查，并将结果作为迭代回顾会的重要输入。而对每一个用户故事，产品经理都需要和团队一起，逐一对用户故事验收标准 DoD 进行检查，然后才能做出是否验收合格的决定。

第三步：定期对目标进行回顾，并根据最新情况对目标进行动态更新

在项目管理上，美国质量管理专家戴明提出了一个非常著名的 PDCA（Plan-Do-Check-Act）循环，也称为“戴明环”，如图 13 所示。PDCA 循环是全面质量管理思想和方法的依据。在 PDCA 循环中，四个行为——计划（Plan）、执行（Do）、检查（Check）和采取行动（Act）——在整个项目执行过程中不停顿地周而复始运转。虽然 PDCA 来源于项目管理，但是其背后所蕴含的思想，即不断对目标、计划的执行情况进行检查，并随时做出必要的调整，再开始新一轮的执行，却可以被应用在更广泛的领域。同样，对于团队目标的执行，也可以使用 PDCA 的理念，定期对目标的执行情况进行回顾和检查，然后适时进行调整。

图 13 PDCA 戴明环

具体来说，定期对目标的回顾和检查，可以利用“六顶思考帽”，采取如下结构化的方式引导团队进行讨论。

（1） 白色帽子（事实）——基于之前制定的目标，现在执行情况如何？从上一次回顾会议到现在，有什么新的变化？

（2） 黑色帽子（风险）——是否有新的变化可能会导致团队目标发生变化？有什么风险或者障碍？

（3） 绿色帽子（创意）——目标是否需要更新？

（4） 红色帽子（感觉）——团队对更新的目标或者保持不变的目标的满意程度如何？是否大家都觉得这个目标已经充分考虑了最近的变化？

（5） 绿色帽子（创意）——利用金字塔原理，问题（差距） = 目标 – 现状，现在距离目标的差距如何？要解决这些差距，应该制定哪些分解小目标？这些分解之后的小目标的验收标准如何？

（6） 红色帽子（感觉）——最后，团队对更新的目标，以及分解的小目标的认可度如何？团队成员是否都愿意投入工作去实现这些目标？

8.3 结果

团队在实施上述三步进行目标确定之后，将得到：

中长期目标——明确团队前进方向；

分解之后的短期目标——指导团队采取具体的行动；

短期目标的验收标准——不仅使团队知道要做什么，还知道怎么做才算完成目标；

闭环的迭代式目标回顾和更新机制，持续地对目标进行回顾和更新。

8.4 模式应用案例

应用案例：ATDD（Acceptance Test Driven Development）验收测试驱动开发在敏捷软件开发中的应用

在敏捷软件开发中，测试驱动开发（TDD）是一个非常有名的开发实践，而近年来，越来越多的敏捷开发团队开始关注和使用验收测试驱动开发（ATDD）。实际上，验收测试驱动开发所倡导的方法，和本章中介绍的目标制定的模式，有异曲同工之处。

图 14 用 4 个 D 总结了 ATDD 的基本流程，下面我们来看看这四个 D 是如何与上面提到的目标制定“三步法”对应的。

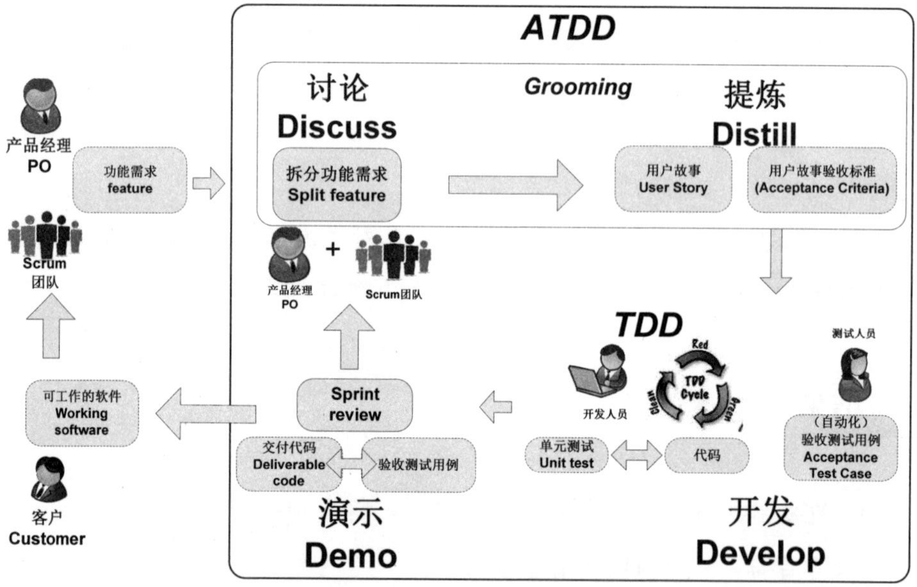

图 14　ATDD 验收测试驱动开发流程图

1. ATDD 中第一个 D：讨论（Discuss）

当一个 Scrum 团队接到一个需要实现的功能需求时，第一步需要做的，就是对这个功能需求进行拆分，分解为若干小的所谓“用户故事（User Story）”。这与本章目标制定“三步法”中第一步按照金字塔原理，对目标从上至下的分解是一致的。正如福特汽车公司创始人亨利 · 福特曾经说过的：“对我来说，没有什么事情是特别困难的，只要我把它分解为若干小块的工作。”在 ATDD 中，把一个范围较大、看起来实现困难的功能需求拆分为若干易于实现的用户故事，同在目标制定中，将中长期目标拆分为若干易于实现的短期小目标，其实都遵循了福特所谓的“拆分”理论。

2. ATDD 中第二个 D：提炼（Distill）

在 ATDD 中，最重要的一步，就是为每一个拆分之后的用户故事制定验收标准。这么做的好处在于，当敏捷开发团队和产品经理从客户的角度讨论如何才能算是满足需求（被验收）的时候，从另一个角度，就是避免了软件开发团队常犯的一个问题：即在澄清“客户想要的是什么”（也即是 What 部分）之前，已经开始思考“如何进行技术实现”（也就是 How 部分）。同时，产品经理和敏捷开发团队一同讨论验收标准的过程，也是一个通过双向的沟通，让彼此能更好地理解需求的过程。这与本章目标制定“三步法”中第二步按照“以终为始”的思想遵循着同样的理念。

3. ATDD 中第三和第四个 D：开发（Develop）和演示（Demo）

当大的需求被拆分为小的用户故事，并且每个用户故事都有了验收标准之后，敏捷团队就可以进行具体的代码开发，以及单元测试，而测试团队也同时会基于验收标准开发（自动化）验收测试用例。接下来，在演示（Demo）环节，客户，产品经理和团队一起，通过团队演示在本次迭代中所完成的用户故事，以及客户和产品经理一同按照验收标准对功能进行验收，最终确定该用户故事是否能够最终被认定为“完成”。

对于无法满足验收标准的用户故事，客户和产品经理的反馈都会被作为下一个迭代的重要输入。同时，在演示阶段，客户也可能会对需求进行变更，从而引发对用户故事范围和验收标准的重新审视，这也是在敏捷开发中倡导的，高频率地给客户展示所完成的工作的原因。这与本章目标制定“三步法”中第三步“定期对目标进行回顾和更新”一样是应用了 PDCA 循环的理念。

对很多敏捷实践者来说，ATDD 似乎是一个很“虚”的概念。本章我们用 4 个 D 来描述 ATDD 的基本流程，并通过对比本章中目标制定的模式，阐释这些流程背后的原理和思想，希望能够帮助你拨开笼罩在 ATDD 上的那层迷雾，让你对 ATDD 有“豁然开朗”的新认识！

第 9 章 “确定目标”的模式：聪明的 KPI

《谁说人是理性的》一书的作者丹·艾瑞利，在书中描述了他在 MIT 教书时的一个故事：MIT 为了对授课教师进行评估，专门开发了一套非常复杂的计算“教学点数”办法。虽然这套复杂的“教学点数”的初衷是希望从多个不同方面去衡量和评估教师的绩效，但是很快就发现，这套评价系统本身却成为目标，而非手段。正如作者提到的，“虽然我从课堂教学中获得了很多乐趣，但是我却发现我越来越少地得把时间花费在和学生们在一起，因为花费同样的时间，我可以找到其他事情获得更高的‘教学点数’。我开始计算花费时间所产生的‘教学点数’回报，并开始选择那些回报高的事情，而非我应该做的事情，例如和学生在一起。这么做，并非努力去获得更多的快乐，我也并不认为那些得到‘教学点数’高的事情会让我的教学更加高效，我只是被动地迎合学校这个衡量工具的评价，因此我能做的只是在这套游戏规则中做得最好（实际上，我承认我的确获得了很高的‘教学点数’）……”

托马斯·乔纳森（H. Thomas Johnson）和安德鲁·布鲁明（Anders Broms）曾在《超越指标——通过关注工作本身和人获得卓越结果》一书中指出：“在大多数情况下——如果不是所有的话——在工作中你衡量什么，你就会得到什么，你也只会得到这些。对于那些没有或者无法被衡量的部分，很遗憾，你没法得到什么。”绝大多数的公司都会给部门或者员工制定 KPI，作为一种可以被衡量的指标，用于评估其是否有效达成了预定的商业目标。例如，对于一个软件开发团队来说，“泄露至客户处的软件故障数目（customer leaked defect number）”

通常会作为一个重要的 KPI；而对于销售团队来说，销售任务完成率和销售回款率往往会是销售人员的绩效考核的重要 KPI。

通常来说，组织或者团队使用 KPI 能够获得以下三方面的好处。

1. 帮助管理者或者团队做出更好的决定

团队领导者和团队成员通过 KPI 所提供的信息和数据，评估团队决策所基于的假设是否成立，从而决定是否需要做出相应调整。例如，某软件研发团队设定的一个 KPI 为“泄露至客户处的软件故障数目”，团队基于历史数据和对当前软件质量的评估，预估该 KPI 在 2017 年的值为 5 个。再考虑到修复每个客户故障的成本为 10 000 元，则 2017 年修复泄露至客户处故障的成本为 50 000 元。与此同时，团队有一个质量提升项目，需要投入成本为 20 000 元，但是通过实施此项目，可以减少 60%的泄露故障，即减少修复成本 3×10 000=30 000 元。在这个例子中，我们可以看到，正是因为团队设定了“泄露至客户处的软件故障数目”这个 KPI，因此成为团队可以将其作为在决定是否进行质量提升项目时的重要决策依据。同时，通过不断监控此 KPI，也能够让团队更好地了解该质量提升项目是否产生了成效，并以此做出是否需要加大或者减小投入的决定。

2. KPI 为团队成员设置了清晰的期望和目标

基于明确和能够衡量的 KPI 为团队成员设定期望和目标，可以为团队成员提供清晰的期望和目标，并帮助团队成员更好的分配时间，从而为组织和个人带来最大回报。而基于明确和能够衡量的 KPI 为团队成员设定期望和目标。

3. 跟踪 KPI 是较好的定量化评估团队成员绩效的手段

确保每一位团队成员把时间和精力都花在最能帮助组织和团队达成其目标的领域是每一个团队领导者的重要工作职责，而通过跟踪团队和个人的 KPI，团队领导者可以较好地通过定量的方式对团队成员进行绩效评估。

正如艾瑞利在 MIT“教学点数”KPI 的故事中所揭示的：如果不能正确的使用 KPI，会造成意想不到的负面效果。因此，如何聪明地制定 KPI，充分发挥 KPI 的好处而降低过分专注 KPI 所带来的负面效果，是本章下面探讨的话题。

9.1 问题描述

假如你是软件团队（技术团队）的管理者，正在通过使用 KPI 对团队整体和团队成员的绩效进行评估，但是你却被下列问题所困扰。

——KPI 太关注结果，而忽略了过程

虽然 KPI 定义了清晰和定量的衡量指标，但是其更多关注的是某个既定目标或者既有流程的输出，而对达成此目标的过程却不能很好地进行监控和衡量。

例如，对于软件研发团队而言，“泄露至客户处的软件故障数目”是一个衡量所生产的软件的质量 KPI（结果）。但是，若仅仅关注此结果而忽略了过程，例如在代码开发期间的需求澄清，代码审查等过程性活动，实际上达成结果的风险也增大了。

——KPI 的反馈周期太长，存在滞后效应

KPI 是通过对组织某个过程或者活动的关键参数进行设置、取样、计算、分析，从而衡量过程或者活动的绩效指标的目标化管理实践，由于涉及对结果的取样、计算和分析等一系列复杂的活动，在实际操作中 KPI 的反馈周期往往较长，从而存在反馈的滞后效应。例如，对于销售人员，一个重要的 KPI 是“销售任务完成率”（实际完成销售收入/目标销售收入），并按照月（或者季度）为频度对此 KPI 进行更新。然而，当发现此 KPI 偏离预期的时候，往往已经到了次月，甚至更晚（因为涉及数据收集）。这样的问题在于，虽然 KPI 能够提供绩效反馈，但是当本月的绩效反馈需要到下个月甚至更晚才能够获得时，最好的纠偏时机已经错过了，特别是面对瞬息万变的市场情况。可以想象一下，如果一个销售人员在 2 月份时才能获取 1 月份的“销售任务完成率”KPI 数据，并发现数据远远低于预期。即便立即在 2 月采取行动，最快也只能在 3 月的

KPI 中才能获得采取的行动是否有效的反馈，而此时，市场情况已经又有了很多变化。

——KPI 止于 KPI，没有形成一个持续提升的闭环

KPI 绝对不是终点，而只是达成目标过程中一个重要的工具。然而，在实践中，往往出于过分对 KPI 的关注（因为与绩效挂钩），使得达到 KPI 成为了目标；而偏离了最初的目标。这样“本末倒置”的怪现象，使得 KPI 最终止于 KPI，而没有形成一个促进团队和个人目标达成的闭环。例如，当“泄露至客户处的软件故障数目”这个 KPI 出现偏差时，软件团队往往会采取一些非常有“创意”的措施使得 KPI 恢复正常，包括：降低软件发布频度或者延长发布时间，从而进行更多冗余的测试；或者通过和客户现场支持团队“协商”，将若干客户问题合并在一个故障中进行报告，等等。这些举措的确能够使得这个 KPI 达到一个“漂亮”的结果，但是却离“提升软件质量，更快更好地服务客户”的初衷越来越远。

9.2 解决方案和实施步骤

为了解决上节描述的 KPI 使用中出现的问题，可以使用下面两个工具让 KPI 变得更加聪明。

工具 1：先导性指标和滞后性指标

当提到 KPI 或者团队在制定 KPI 时，大多数时候，人们会更加关注对结果的评估，因为这些指标易于衡量并且能够做到定量。例如：如果希望知道销售任务完成率，只需要收集实际完成的销售收入，对比目标销售收入就可以。实际上，这些对结果的“事后评估”，都属于滞后性指标。滞后性指标对于衡量工作进展、评估团队和个人绩效，以及确定与预先制定的目标之间的偏差非常有用，但是对指导未来工作的改进，却没有太大用处，最主要的原因就在于上节内容提到的反馈的滞后效应。

因此，为了更及时地获取反馈，从而快速地对行为做出调整，以期最终对结果产生正向的影响，在滞后性指标之外，还需要另外一类对过程进行监控、具有预测性的指标：先导性指标。

例如，对于销售人员，“销售任务完成率”是一个重要的滞后性指标，相应的，为了确保这个滞后性指标能够达到，可以选择“客户拜访数”或者“营销活动数目”这两个先导性指标进行密切的跟踪。对于“销售任务完成率”而言，往往在下个月或者下个季度才能获得上一周期的反馈，与此不同的是，“客户拜访数”或者“营销活动数目”这些先导性指标能够在过程中非常容易和及时地获得结果，从而让销售人员快速对销售活动做出相应调整，确保“销售任务完成率”达到预定目标。

在实践中，先导性指标往往会比滞后性指标更难确定，因为先导性指标在对未来具有预测性的同时，却不能100%的确保结果的发生（例如，足够的“客户拜访数”并不能确保“销售任务完成率”达成目标）。这不仅仅让确定选择什么样的先导性指标变得不容易，还会在组织和团队内引发一系列激烈的讨论。如果再考虑到频繁的获得先导性指标的结果还会在实际工作中涉及一些工作量，那么这个讨论也许会变得更加激烈。然而，虽然有这些因素需要考虑，但是近年来的研究和实践都已经证明，当组织和团队在制定KPI的过程中，适当的组合使用先导性指标和滞后性指标，最终的效果是能够帮助提升绩效。例如，作为广泛得到认可的研究和时间结果，“拥有士气高涨、被激励的员工”是达到“较高的客户满意度”的一个非常有效的先导性指标；再如，“符合六西格玛的流程”也被认可是“达到较高成本效率”的一个有意义的先导性指标。

真实案例

美国先进绩效研究院（Advanced Performance Institute）在2012年针对3 083家拥有较好业绩的企业进行了一项关于企业所使用的KPI的调查。调查发现，大多数优秀的公司都会混合使用先导性指标和滞后性指标，例如，下列几家著名公司在调查中提到它们使用的先导性指标见表4。

表 4

公　　司	先导性指标
3M	研发创新数目 专利数目 客户服务满意度
戴尔电脑 Dell Computer	客户满意度 生产原料库存量
美国电信运营商 Sprint	客户满意度 品牌认知度 高端客户增长数
可口可乐 Coca-Cola	销售的可口可乐瓶数 新市场增长率 品牌增长率

同样在这些公司，一些传统的财务领域的滞后性指标仍被广泛使用，见表 5。

表 5

<table>
<tr><th>公　　司</th><th>滞后性指标</th></tr>
<tr><td>3M</td><td rowspan="4">现金循环周期
税息折旧及摊销前利润
净收入
销售收入增长率
毛利润率
营业利润率
净资产回报率</td></tr>
<tr><td>戴尔电脑
Dell Computer</td></tr>
<tr><td>美国电信运营商 Sprint</td></tr>
<tr><td>可口可乐
Coca-Cola</td></tr>
</table>

有趣的是，和上述传统行业的大公司有些不一样的，新的互联网公司开始使用一些非传统的先导性指标，见表 6。

表 6

<table>
<tr><th>公　　司</th><th>先导性指标</th></tr>
<tr><td>Facebook</td><td rowspan="4">（去除重复的）网页访客数
网页访问时间
平均网页访问数量
单个用户营业收入</td></tr>
<tr><td>Twitter</td></tr>
<tr><td>Linked-In</td></tr>
<tr><td>Yelp</td></tr>
</table>

上述例子都说明，无论是对于传统行业的企业，还是对于新的互联网公司，同时使用先导性指标和滞后性指标已经成为趋势。而接下来的问题就是：如何平衡使用好二者？

工具 2：目标和关键成果法 OKR（Objective and Key Results）

有了先导性指标和滞后性指标的组合，是否就能说 KPI 的制定足够“聪明”了呢？答案是否定的。再一次回到 PDCA 戴明环，在计划（Plan）环节制定的 KPI，将在检查（Check）环节被用来对过程或者结果进行衡量，而接下来，最重要的，就是基于检查的结果，进行相应的行动（Act）。而补上这重要一环的有力工具，就是目标和关键成果法，即 Objective and Key Results，以下简称 OKR。

OKR 由英特尔公司最先发明和使用，但是 OKR 被越来越多的人认识，更多的是在近年来硅谷的互联网公司，例如谷歌，Uber，Twitter 大量使用之后。甚至有人认为 OKR 可以替代 KPI 用于对组织、团队和员工进行目标设定。实际上，我们认为OKR更多应该和KPI一同使用，才能组成一个闭环的smart KPI。为什么这么说呢？让我们先从 OKR 的定义说起。

OKR 的含义是“目标和关键成果”，简单地说，目标确定了前进的方向，而“关键成果”能告诉我们需要达到什么样的结果，才能确保达到了预定的目标。而另一方面，KPI 能够对结果提供精确和定量的评估。因此，结合 OKR 和 KPI，就能够完整地涵盖目标、关键成果，以及结果评估这三个相辅相成的重要方面，从而形成一个目标设定、评估和持续提升的闭环结构。

具体来说，结合 OKR 和 KPI，可以按照以下步骤实施。

第一步：根据目标和验收标准制定 OKR（目标和关键成果）

在上一章中，我们介绍了利用“金字塔原理”和“以终为始”的原则制定目标和确定验收标准，接下来就可以根据制定的目标设定 OKR 中的目标 Objective 部分，再根据验收标准确定 OKR 中的关键成果（Key Results）部分。例如，对于一个客户服务团队，假设 2017 年设定的目标是提升“客户满意度”，相应的验收标准中包含一条：在 2017 年由第三方进行的本行业客户满意度调查中得分进入行业前三。据此，可以制定相应的 OKR 如下：

目标：提升“客户满意度”

关键成果：

（1） 降低客户投诉/咨询平均响应时间至 30 分钟以内。

（2） 提升客户投诉/咨询满意度到 85%以上。

（3）在年度由第三方进行的本行业客户满意度调查中得分进入行业前三。

由此可以看到，在制定“关键成果”时，需要同时考虑过程和最终结果两个维度。

第二步：为 OKR 中的关键成果制定 KPI

为“关键成果”制定 KPI，才能够确保其得到精确和及时的评估。一如本章开头引述的乔纳森的那句话：“你衡量什么，就会得到什么。”同时，由于在制定关键成果时，已经考虑到了兼顾过程和最终结果，因此相应制定出的 KPI 也自然包括了先导性指标和滞后性指标。同样回到上面客户服务团队的例子，我们可以为关键成果制定如下 KPI。

（1） 关键成果 1：降低客户投诉/咨询平均响应时间至 30 分钟以内。

KPI：先导性指标——客户投诉/咨询平均响应时间。

（2） 关键成果 2：提升客户投诉/咨询满意度到 85%以上。

KPI：先导性指标——客户投诉/咨询满意度。

（3） 关键成果 3：在年度由第三方进行的本行业客户满意度调查中得分进入行业前三。

KPI：滞后性指标——第三方行业客户满意度评测得分。

第三步：在监测先导性指标过程中巧妙利用 OKR 进行纠偏

监测先导性指标，可以快速和及时地对目标达成情况进行反馈。如果监测到先导性指标出现偏差，则可以再一次制定子 OKR 快速进行纠偏。同样在上面的例子中，如果先导性指标“客户投诉/咨询平均响应时间”在某个时间段的监测中超过了 40 分钟（目标是 30 分钟），则可以立即制定一个子 OKR。

目标：提升客户投诉/咨询响应速度

关键成果：降低“客户投诉/咨询平均响应时间”从 40 分钟到 28 分钟。

基于这个子 OKR，团队可以再做出更为详细的行动计划并及时采取行动，直到关键成果达到，相应的先导性指标恢复到目标范围内。

9.3 结果

按照上述三步有效地结合 OKR 和 KPI 之后，你的团队将得到以下收获。

根据团队讨论达成一致的愿景/目标，以及相应的验收标准制定的 OKR（目标和关键成果）。

OKR 中的关键成果能够同时覆盖过程和最终结果两个维度，同时每一个关键成果都有相应的 KPI。由于关键成果制定时同时考虑了过程和最终结果两个维度，因此相应的 KPI 既包含了先导性指标，也有滞后性指标。

当 KPI 监测出现偏差时，能够针对出现的偏差再次制定子 OKR 快速进行纠偏，从而形成“OKR 目标设定→KPI 监控→子 OKR 纠偏→目标达成”的闭环。

9.4 模式应用案例

应用案例：Scrum 敏捷软件开发中的“燃尽图（Burndown Chart）”

在 Scrum 敏捷软件开发中，“燃尽图（Burndown Chart）”是一个非常重要的、对需要完成的工作进行可视化展现的工具。在每一个迭代周期内，通常 Scrum 团队会以日为维度使用任务燃尽图对任务完成情况进行记录和监控。图 15 是一个任务燃尽图的例子。图中横轴是时间（迭代周期为两周），纵轴为完成所有任务还剩余的小时数。棕色曲线表示的是理想状况下，任务完成的小时数应该线性递减，直到两周迭代结束时为零（也即“燃尽”）；而蓝色曲线是某个迭代的实际任务完成情况。可以看到，在这个示例中，直至迭代结束，还剩余 30 多个小时的任务没有完成，因此这个迭代并没有完成既定目标，是一个“不成功”的迭代。

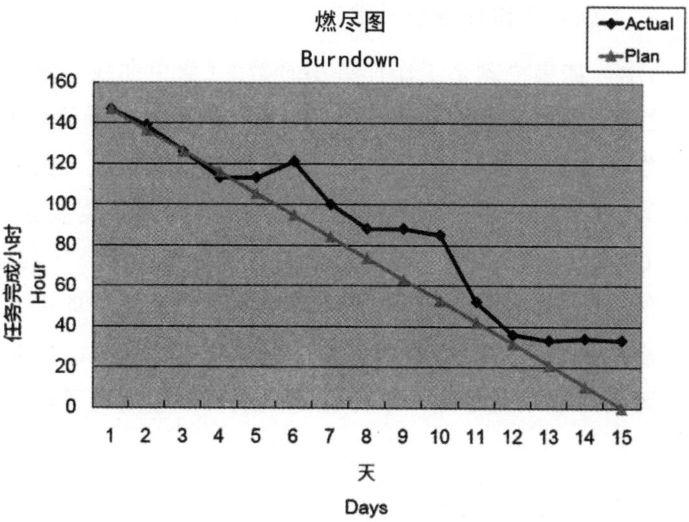

图 15 任务燃尽图

实际上，“燃尽图”就是对本章所介绍的结合使用先导性指标和滞后性指标思想在敏捷软件开发中一个非常好的应用。对于每一个 Scrum 开发迭代，有以下两个重要的滞后性指标。

滞后性指标 1：用户故事完成率=

（完成的用户故事数目 / 本迭代计划完成的用户故事数目）。

对每一个迭代来说，目标都是希望用户故事完成率达到 100%。

滞后性指标 2：开发速率 = 每个迭代完成的用户故事的点数的总和。

开发团队会首先选定一个用户故事，将其作为基准点，并将其工作量大小设定为用户故事点数为 1。接下来，其他的用户故事都会和这个基准用户故事进行工作量的比较，以确定相应的用户故事点数。开发速率这个 KPI 的价值在于不仅可以对当前迭代的工作完成量进行评估，还可以对未来工作安排提供有价值的参考。

然而，如果仅仅关注这两个滞后性指标，那么对于软件开发这样变化特别多的工作来说，将有非常大的可能性无法达到预期的目标。因此，有必要引入一个先导性指标对 Scrum 团队的日常工作进度进行监控，这个先导性指标，就是“燃尽图”中“剩余工作任务小时数”。

如图 15 所示，如果“剩余工作任务小时数”（蓝色曲线）保持在理想状况（棕色曲线）之下，则意味着团队正在按照计划（甚至提前于计划）完成工作；如果“剩余工作任务小时数”持续若干天都在理想状况之上（例如图 1 中第 5 天之后的情况），那就意味着团队的进度已经落后于计划，需要立即弄清原因，并再次制定子 OKR 去进行纠偏，保证迭代的目标能够完成。在实践中，Scrum 团队在“每日例会”上，都会展示当天的燃尽图，作为讨论项目进度、是否存在风险、是否需要对计划进行微调的重要依据。同时，优秀的团队也会在办公区域的显著位置实时展示燃尽图，从而让团队成员能够随时了解这个先导性指标。

第 10 章　“团队沟通”模式：反馈而非评估

“如何让沟通达到更好的效果，在获得对方认同的同时能够让人们有更强的干劲？”研究说服科学的专家古敏中（Minjung Koo）和艾莱特·菲什巴克（Ayelet Fishback）认为，只需要把沟通时的注意力的重点变一变，就能让人们完成任务的干劲儿变得更足。为了验证这个想法，两位学者做了一系列有趣的实验。其中一个实验选在了一个人气很旺的寿司店，有超过九百位该店的顾客参与了这项顾客忠诚度计划：即在午餐期间来店消费十次，就可获赠一次免费午餐机会。在参加实验的顾客中，有一半的人拿到的是空白卡片，他们被告知每吃一次午餐，就会获得一个印章，而如果邀请朋友一同进餐，就会获得更多印章。在获得十个印章时，就可以兑换一次免费午餐——这组顾客在实验中被称为“进度积累组”；而另一半顾客拿到的卡片上十个印章已经盖好，而每吃一次午餐，店员就会用打孔机打掉一个印章——这组顾客相应地被称为“剩余任务组”。非常有趣的是：如果开始顾客取得的进展较小（例如较少到餐厅吃午餐），那么“进度积累组”的顾客更有可能再次回到餐厅消费；而如果开始顾客取得的进展很大（例如邀请了朋友一起），那么“剩余任务组”的顾客更愿意回来。古敏中和菲什巴克的研究中，将这个发现称为“小数字假说”，也就是说：如果人们的注意力被引导到较小的数字上，完成目标的积极性通常会更高——无论这个较小的数字指的是已经取得的进展，还是剩下的任务。

古敏中和菲什巴克的研究告诉我们，只需要在沟通时将注意力的重点变一变，就可以获得更高的沟通和说服效果。正如 Standish Group 在 2013 年发布的数据显示，在 2012 年，仅仅有 39%的软件开发项目取得了成功。对于大多数失败的软件项目，问题的根源都在于团队缺乏透明和有效的沟通。作为一个软件团队（技术团队）的管理者，你可能会迫切地希望寻找到提升团队沟通的良方。实际上，秘诀也许很简单，就如古敏中和菲什巴克所揭示的，只需要在沟通中把注意力的重点变一变，就能获得令人意想不到的效果。在接下来几章即将介绍的领导力模式中，“反馈而非评估”模式展示将注意力的重点从评估转移到反馈，让与团队成员的沟通更加具有建设性；“用有力的问题找到他人的顿悟时刻”模式关注团队领导者如何从“提供答案”的思维转换到“问出有力的问题”；“表达感谢”模式提供了一套行之有效的方式让团队领导者轻松地从“批评家”（关注什么地方做错了）转变到“表扬者”（关注什么地方做对了），并享受这种注意力重点的变化带来的团队效能的提升。

第 10 章到第 12 章将介绍“团队制胜六步工作法”中的“团队沟通”模式：

- **反馈而非评估**
- **用有力的问题找到他人的顿悟时刻**
- **表达感谢**

保罗（Paul English）是专注旅游领域的搜索网站 Kayak.com 的创始人，同时，保罗还因为他独创的“五字员工反馈法（Five-word Feedback）”而闻名。在快公司网站（fastcomapny.com）对他的采访中，保罗讲述了发明“五字员工反馈法”背后有趣的故事。在创办 Kayak.com 之前，保罗是马萨诸塞州一家叫作 InterLeaf 的软件公司的职业经理人。在保罗手下有一名绩效有问题的员工，因此，保罗每个月都会给这位员工做一次绩效评估谈话，以期能够让这位员工的绩效恢复到正常水平。然而，保罗失望地发现，这些频繁的绩效评估谈话只是被员工当作了一次又一次无趣、官僚且引发双方对立情绪的程式化活动，而对这位员工绩效没有一点改进作用。因此，保罗决定换一种方式，与其给员工一些缺乏具体事实依据、空泛的绩效评估，不如给员工提供一些非常具体的关于那些他做得很棒的事情，以及他搞砸了的事情的反馈；同时，为了避免让事情变得过于复杂，保罗决定只用五个单词来总结这些反馈。例如，在一次反馈中，保罗为这位员工写下的五个单词是：（1）快速响应；（2）专注聆听——你有很好的倾听能力，其他团队成员喜欢和你谈话；（3）缺乏对其他同事的信任——对团队之外的其他同事，你并不能完全信任，这会带来更高的沟通和合作成本；（4）太过谨小慎微——我们的组织文化是开诚布公的沟通，如果别人觉得你过于谨小慎微，那将让坦诚的沟通大打折扣；（5）专注技术——在一个技术性的团队，你的技术能力和对技术的专注能大大提升你的影响力。当保罗开始用这种非正式的、基于事实的反馈方式和那位员工进行沟通之后，有趣的事情发生了，员工的绩效开始提升。15 年之后，那位员工告诉保罗，他仍然保留着当年的五字反馈——“这是我从我所经历的经理那里得到的最好的反馈!”

保罗找到了一种有效的、和员工就绩效进行富有建设性谈话的方式，从而达到了激励员工提升绩效的目的。通常，在组织中，关于绩效的谈话往往只有在定期（例如半年或者一年）的绩效评估中才会发生，而每每这样的绩效评估往往会以不愉快的方式结束，因为没有人喜欢被别人品头论足，特别是考虑到这些评价或许已经失去了时效性（想一想那些一年做一次绩效评估的组织）。作为软件团队（技术团队）领导者，一定在寻找那些能够更好帮助你进行员工绩效沟通、促进员工绩效提升的良方。还记得古敏中和菲什巴克提到的秘诀吗？“只要把沟通时注意力的重点变一变，就能很大程度上改进沟通的效果”。本章接下来介绍的“建设性反馈”模式，就是巧妙地将绩效谈话中的注意力重点从基于主观判断的评估（或者评价）转换到基于事实的反馈。实践证明，当团队管理者做出了这个转变，之前绩效评估谈话中“剑拔弩张”的紧张氛围和对立情绪都会大大减少，而团队成员也更加易于接受和听取反馈，这也为绩效提升打下了坚实的基础。

10.1 问题描述

作为一位软件团队（技术团队）的管理者，一个非常重要且必须与团队成员的沟通就是关于绩效的谈话。然而，对大多数团队管理者和团队成员而言，关于绩效的谈话往往并不是愉悦的体验，而且也并不能真正帮助到团队成员的绩效提升。究其原因，失败的绩效谈话常常落入以下四个“陷阱”。

绩效谈话“陷阱”1：发生频度低

在大多数公司，目标设定和绩效反馈通常都是按年度进行的，这种设计背后的假设认为设定的目标在一年之内都能保持稳定。然而，实际工作中，各种变化随时都在发生，因此团队成员所需要的并非是一年一次的绩效评估，而是更为频繁，例如每月一次，每周一次，甚至最好能每天一次的绩效反馈（注意，而不是评估）。

绩效谈话“陷阱”2：双向沟通变为了单向沟通

对于一位团队管理者来说，一个非常重要的管理技能就是“有效聆听”。然而在很多绩效谈话中，团队管理者似乎忘记了这一点，而让绩效谈话从一次双向的对话变成了一次单向的“演讲”。

“每次走进绩效谈话的会议室，我都知道我只用带着耳朵去就可以了，因为我的经理会用95%的时间告诉我他认为我什么地方没有做好，但是遗憾的是，我的耳朵已经闭上了。”这是来自员工对绩效谈话的真实反馈，其中的失望之情溢于言表。很难想象这样的单向沟通会产生什么积极的效果。

绩效谈话“陷阱”3：太过于关注问题

当提到“绩效谈话”，大多数团队管理者想到的都是团队成员什么地方没有达到预期或者什么地方犯了错误从而需要改进。实践经验证明，一旦在绩效谈话中管理者开始谈论团队成员的问题或者所犯的错误，员工的全部注意力都会集中在问题上，而忘记那些他们做得好的地方。因此，即使管理者尝试使用“三明治法则”对批评进行包装——在“三明治法则”中，管理者首先对员工进行表扬，然后进入关键的批评阶段，最后再用表扬或者鼓励结尾——也同样被事实证明：如果在三明治的两片表扬和赞赏的“面包”中间夹的“肉”依然是批评或者是问题，依然无法避免员工只关注那些批评的部分，而忽略表扬和鼓励的部分。虽然直觉告诉我们关注问题能够促进问题的解决，但是研究发现恰恰是关注那些做得好的部分，发掘成功的因素并“复制”更多成功，才是提升绩效更有效的途径。

绩效谈话“陷阱”4：太过于主观而欠缺事实依据

还记得绩效谈话中经理常用的开场白吗？“我觉得在过去的一年中你的表现……”当员工听到“我认为”这样的评价时，第一反应往往是“我并不这么认为”。因此，接下来的谈话注定将是一场唇枪舌剑的争论，这一切的根源都在于过于主观而欠缺事实依据的评价。

例如，在谷歌，最有挑战的工作不是如何产生更多的创新，而是如何留住那些出色的工程师。因为对这些工程师而言，高工资并不能保证留住他们，相反，如果觉得一份工作无法对个人或者职业发展带来好处，他们会毫不犹豫地辞职。因此，在谷歌，绩效评估也特别针对工程师的诉求进行了改进。首先，绩效评估的频度被定为每个季度一次，从而能够提供较为及时的反馈。同时，在绩效评估谈话中，针对每一项评估结果，经理都需要提供来自和员工一起工作的其他同事以反馈和事实依据作为支撑。最重要的，谷歌的经理都经过了特别的培训，目的就是让经理学会如何使用尽量客观的反馈和事实来进行绩效谈话，同时把注意力转移到员工的潜力和如何激发潜力创造更大的价值。在谷歌这些举措的背后，是罗切斯特大学学者爱德华（Edward L. Deci）的研究发现：当激励大部分都依赖外部激励，例如薪水，实际上员工的激励水平是在下降的；相反的是，如果员工经常得到口头的鼓励，以及建设性的反馈，他们的激励水平实际上是会上升。

10.2 解决方案和实施步骤

要解决上述绩效谈话所带来的问题，一个简单易行但是效果显著的方法就是，在日常工作中使用“建设性反馈”。在介绍如何实施这个工具之前，首先需要澄清反馈和评估的区别。

绩效评估指的是通过系统的方法和原理测量员工在职务上的工作行为和工作成果，从而对员工做出综合评价。绩效评估的结果会直接影响到薪酬调整、奖金发放和职务升降等诸多员工的切身利益。而“建设性反馈”中的反馈来源于控制论中的回馈概念，指的是将系统的输出返回到输入端并以某种方式改变输入，进而影响系统功能的过程。对于一个团队管理者来说，提供反馈的过程就是依据对事实的观察，将团队成员行为的影响或者效果以客观的方式提供给团队成员，以期望对员工行为产生影响（保持有效的行为或者改变无效的行为），从而达到改进绩效的目标。表 7 对比了绩效反馈和绩效评估的区别。

表 7

绩效反馈	绩效评估
提供信息	提供评价
更多使用动词和名词提供客观的信息	更多使用形容词和副词做出评价
较为客观	较为主观
较为频繁（例如每天，每周）	较为不频繁（每个季度，每年）
非正式	较为正式

为了让绩效反馈更加有效，越来越多的团队领导者开始使用“建设性反馈”这个有力的工具。每个人都喜欢被称赞，而少有人喜欢被批评，这也是绩效评估无法达到预期的改变员工行为目的的原因。例如，当一位团队领导者告知团队成员，“你最近工作非常糟糕”或者“我不喜欢你最近的工作汇报”，员工并不能从中获得如何提升的具体信息，相反，批评还会使员工产生抵触情绪。而“建设性反馈”提供了一种更加有效的基于事实、关注解决方案的双向沟通机

制，目标是让员工更加主动地进行行为的改变以提升绩效。在使用“建设性反馈”工具时，可以遵循下面的五条原则：

原则 1：控制个人情绪，专注客观事实

失望、愤怒或者焦虑的情绪非常容易反映到说话时的语速语调，以及身体语言中，这些不适当的表达都会使得你专注客观事实的努力付之东流。因此，在进行“建设性反馈”时，请尽量专注客观事实，而控制个人情绪。

原则 2：避免对员工的个人评价

当你开始对员工进行个人评价（例如，“我觉得你最近工作并不是很投入”）的时候，一场预期中的建设性谈话很有可能就会变为一场充满负面情绪的人身攻击。同时，对员工进行个人评价并不能有助于员工获取如何改进的信息。例如，“你在工作中也常像个话痨一样喋喋不休”，这个评价潜台词意味着这个行为是由员工的性格导致，而性格或者个性又是一个人非常难以改变的部分。因此，这个评价就演变成为对员工的抱怨。相反，如果使用专注事实的“建设性反馈”方式，如“我观察到在会议中，你大部分时间都在表达自己的观点，而很少给其他人机会充分发表他们的看法”这样的反馈，便清晰的提供了可以改进的领域和方向。

原则 3：仅仅关注那些可以被改进的行为或者领域

对于团队领导者而言，在“建设性反馈”中，同样应该更多关注那些能够改变的行为或者领域。对员工无法改变的领域提出批评或者反馈，无异于是浪费时间，更糟糕的还会让员工产生负面的情绪或者抵触。

原则 4：一定要具体

为每一个反馈提供具体的事实依据会让反馈达到最佳的效果，相反的，泛泛而谈的反馈，例如“你最近的工作汇报不是很好”，并不能带来太大价值。而“在你的工作汇报中，对最近研发部门的软件质量问题总结得非常清晰，但是在第二部分中，对最近遇到的招聘中的问题没有提供足够的数据信息和深入的原因分析”，这样具体的评价就能激发一次有意义的讨论，从而得出应该如何进行改变的方向。

原则 5：反馈要及时

反馈需要及时提供，而无须像绩效评估那些等到一段时间之后才进行。无论是正面还是负面的反馈，都需要及时提供。同时，由于反馈是基于事实而非主观评价，因此团队管理者大可不必担心及时提供负面的反馈是否会造成不必要的冲突，事实证明，遵循上述四条原则提供的反馈，很少会引发无谓的冲突。. 相反，这些反馈将激发一场关于如何进行改变的有意义的讨论。

具体在实践中，提供“建设性反馈”可以遵循下面的五步“公式”进行：

建设性反馈 = 明确目标（“我希望和你讨论______”）+
观察（“我观察到____”）+ 影响（“这么做的影响是____”）+
要求(“我期望今后你能____”）+ 讨论(“你觉得呢？ ____”)

第一步：明确此次“建设性反馈”的目标

开门见山、言简意赅的“建设性反馈”的主题，可以让接受反馈的对象无须去猜测这次谈话的原因，也能让接下来的谈话更加聚焦。

下面是一些可供参考的谈话方式例子。

“关于_____，我有一些担忧想和你聊一聊”

“我想和你谈一谈_______”

“对于_____，我有一些想法”

第二步：具体地描述观察到的事实

建设性反馈最重要的基石就在于具体的事实，所以在描述事实时应该尽量清晰地指出时间、地点，发生了什么。更重要的是，一定要使用第一手的观察，而尽量少的使用从其他人那里获得的观察，从而避免反馈和事实出现偏差。例如：

一些可供参考的例子：

“昨天下午，在代码审查会议上，我观察到你在其他同事给你提供代码审查意见的时候经常打断别人，并且你说话的声调也在不断升高。”

“我观察到在过去的三天时间，你每天早上都是 9:20 以后才到办公室，而我们团队的晨会每天会在 9:00 开始。”

第三步：阐述行为所产生的影响

在描述了观察到的事实之后，接下来需要阐述这些行为所产生的影响。这里所说的影响既包括行为所带来的可观察到的结果，还包括行为所影响的人的反应。只有当获得反馈的一方充分了解了他们的行为所产生的影响之后，才会为下一步讨论应该如何对行为进行改变打下基础。特别需要注意的，这里的影响是一个中性词，既包括正面的影响，也包括负面的影响。

例如，下面是一些阐述行为所产生影响的例子。

“因为你连续三天 9:20 才到办公室，从而错过了 9:00 的晨会，其他团队成员感到失望，因为你没有尊重团队共同决定的晨会时间；同时，你错过了晨会也会错失让你和其他团队成员就项目进度进行同步的机会，从而增加了项目风险，以及后续沟通的成本。”

“你积极协调客户、现场支持和研发三方面对面进行讨论，从而快速实施了解决方案，客户非常高兴，极大地提升了客户对于我们品牌的认可度，也在某种程度上促成了客户此次的采购；同时，在公司内部，也展现了我们研发部门的全局观和领导力。”

第四步：清晰地描述期望的行为

“建设性反馈”的最终目的，还是希望在基于事实和影响的基础上，得到反馈的一方做出行为的改变。这里的改变既包括对产生了正向影响行为的继续保持或者发扬，也包括对产生了负面影响的行为的改进。因此，在描述了行为和影响之后，更重要的是从面向未来的角度，清晰地描述出你的期望，并提供切实可行的改进行为以达到目标的建议。同时，为了提高被反馈者的接受度，期望的表述应该尽量从面向未来和解决方案的角度表达，而非面向过去和问题的方式。例如，

（接上面“第三步”中的例子 1）“小王，我期望你能够按时参加 9:00 的晨会，从而能够和团队一起同步项目状态，识别潜在的风险，并且一同解决潜在的问题。同时，如果你觉得 9:00 这个时间真的对你有些挑战的话，你也可以和团队一起讨论，重新制定一个更加合适的晨会时间。”

（接上面“第三步”中的例子 2）“小王，我期望你能够继续保持这种勇于承担的精神，只有积极主动，我们才能够打破组织中的边界，共同为客户提供更高质量的产品。同时，我也期望你能够影响身边的其他人，让更多人都能够拥有这种勇于承担的精神！”

第五步：给对方机会阐述他的想法

“建设性反馈”是一个双向沟通，更是一个激发建设性讨论的好机会。因此，在陈述完事实、影响和期望之后，还需要给接受反馈的一方阐述自己想法的机会，从而让双方就期望的行为，以及如何达到期望开启一段建设性的讨论。

例如，可以利用开放式问题的方式引发对方阐述其想法：

“你怎么觉得？”

“能和我分享一下关于此事你的想法吗？”

“你觉得接下来我们可以做什么吗？”

10.3　结果

在按照上述五步将时效性较差的绩效评估变为更为及时的绩效反馈之后，你或许会发现：团队发生了以下变化。

团队成员更易于接受你的反馈，无论是做得好的事情还是有待提升的领域。

曾经让你头疼的气氛紧张的绩效评估谈话变为了面向未来更富有建设性的讨论。

当关注的重点从问题（绩效评估中的评价部分）转变为面向未来的解决方案（绩效反馈中的期望部分）之后，员工将有更大的可能性做出行为的改变，从而达到提升绩效的目的。

总而言之，只需要在沟通中把注意力的重点变一变，就能获得令人意想不到的效果。

10.4　模式应用案例

应用案例：非暴力沟通（NVC, Non-violent Communication）

非暴力沟通（NVC）是临床心理学家马歇尔·卢森堡博士总结的一种沟通方式，依照它来谈话和聆听，能使人们情意相通，和谐相处。让马歇尔博士发现这种沟通方式的原因，在于人们日常生活中有太多“暴力”的语言，也就是有些话说出，让对方听了非常不舒服，进而导致关系紧张甚至产生争执和对抗，最后反目成仇。常见的“暴力”性的语言包括以下这些类型。

不负责任型：“这关我什么事！”

道德批判型：“你这样不对啊，你怎么能这样干呢”；

进行比较型："你看人家谁谁怎么样，你再看看你"；

强人所难型："你必须"或者"你应该"；

……

因此，在马歇尔博士的非暴力沟通模型中，高效的沟通分为四个部分（如图 16 所示）。

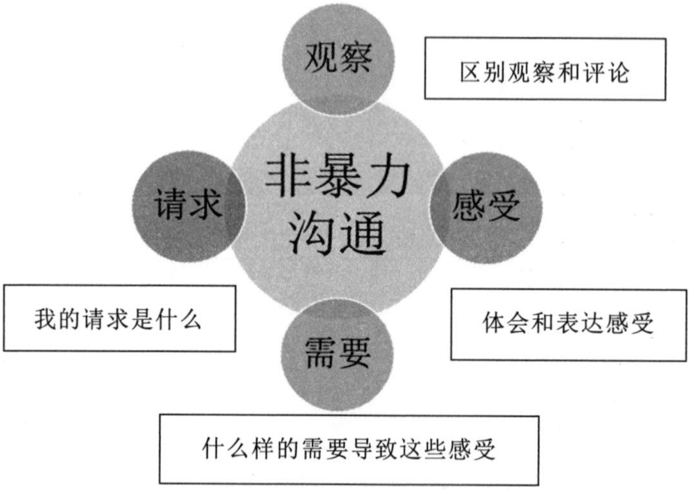

图 16　非暴力沟通模型

可以看到，"非暴力沟通"中的四个部分和本章所讲述的"建设性反馈"中的五步实施步骤有异曲同工之妙。例如，在"非暴力沟通"中，核心的技巧如下。

区分观察和评论：不带预设和偏见的仔细观察正在发生的事情。

区分感受和想法：识别和表达内在的身体上的感觉及情感上的状态，而不包含评判或指责。

明确表达什么样的需要导致这些身体上或者情感上的感受：往往人们羞于表达自己的需要，而非暴力沟通强调要去体会和表达与正在发生的事情和感受相关的需要；如果有需要没有得到满足，需要明确的表达。

提出明确的、具体的请求：基于未得到满足的需求，提出请求（而不是要求），并使用建设性的方式进行表达。

在非暴力沟通中，马歇尔博士认为，当我们专注于澄清彼此的观察、感受、需要和请求，而不是分析和评判，我们将发现这将有助于促进相互尊重、关注和理解，进而引发双方互助的愿望。这与本章“建设性反馈”中所强调的基于具体的客观事实而非主观评判、表达行为的影响，以及明确期望和需求，并且采取面向未来的解决方案，而非专注问题的建议性思维都是息息相通的。

第 11 章 “团队沟通”模式：用有力的问题帮助他人找到顿悟时刻

1990 年，“拯救儿童国际组织”NGO 委派杰瑞 · 史坦宁（Jerry Stenin）协助越南政府解决儿童营养不良问题。原本计划 2 年的项目，但是当史坦宁到达河内时，却被告知由于越南政府人事变动，项目缩短为 6 个月。同时，如果 6 个月史坦宁没法用事实证明其采取措施的有效性，项目将被终止。实际上，史坦宁面对的问题，远非 6 个月可以解决：越南落后的公共卫生水平、低下的平均收入、农村教育不普及、有限的政府投入等一系列问题都摆在史坦宁面前，似乎即使有 6 年时间，也没法一一解决。史坦宁决定换一个思路，不去忙着解决问题，而是先去想办法复制成功。史坦宁来到了越南的一个农村，测量了每个孩子的身高、体重等基本身体素质数据，然后挑选出几个家境不好，却长得比别人高壮的孩子。史坦宁找到孩子的母亲们，只问了这些母亲一个问题：“你们做了什么，让你们的孩子比其他孩子身体素质要好？”然而就是这个看起来普通，但是却“有力的问题”，让史坦宁发现了这些高壮孩子背后的秘密：一天 4 餐，吃小虾小蟹和地瓜叶增加蛋白质和维生素。发现了这些秘密之后，史坦宁将其推广到了整个村寨，6 个月之后，神奇的事情发生了，村里 65%的孩子营养不良得到了改善。之前很多专家做过各种计划却没有成功，但是史坦宁仅仅通过想办法复制成功和有力的提问，就获得了惊人的效果。最后，史坦宁的这套方法在越南总共影响了两百多万人。

在这个例子中，面对复杂的儿童营养不良问题，史坦宁利用一个“有力的问题”发现了那些比别人高壮的孩子背后的秘密，进而帮助了越南二百多万人。在史坦宁“有力的问题”背后，其实更重要的是“面向解决方案”的思维。作为教练型领导（Leaders as Coaches）中一个非常重要的思想，“面向解决方案”的思维，实际上是近年来兴起的，核心关注如何更加有效引发变革的思考和研究中的一部分，在这些思考和研究中，还包括这样一些重要的思想：欣赏式探询（Appreciative Inquiry）、积极心理学（Positive Psychology）和 NLP（Neuro-linguistic programming）神经语言学等。与 20 世纪 90 年代那些关注系统性变革或者流程再造的方法不同，“面向解决方案”的思维关注的恰恰是那些看似微不足道但是却会引发有价值变化的地方。同时，“面向解决方案”的思维也非常简单易用，每一个人都可以直接将其应用于工作或者生活，从而获得所期望的提升。

在比利时知名企业顾问、演讲家和企业培训师路易斯·卡夫曼所著的《不懂带人，你就自己干到死》一书中，分享了下面这个展示了“面向解决方案”思维的有趣例子：

金斯利先生拥有一家非常成功的塑料公司，但是现在他面临一个难题，在董事会中占有重要席位的女婿和公司的 CEO 长期以来关系紧张。最近，发生了一件让他们二人爆发冲突的事件：女婿在没有咨询 CEO 的情况下购买了一套新的电脑办公系统，为此，CEO 威胁要辞职。金斯利先生因此对其女婿非常生气，但又无可奈何，因为女婿从来都是独断专行的。这一次，金斯利先生没有选择去和女婿发泄怒火，而是听从了其顾问的建议，决定与女婿和 CEO 一起进行一场开放性和建设性的谈话。这次谈话是从一个“有力的问题”开始的：当 CEO 和女婿都坐在他面前之后，金斯利先生问了他们一个问题：“我想说清楚，对我女婿的行为，我既不欣赏也不赞同。但是，那件事已经过去了，我们也不用再在这件事上纠结。今天，我想和你们谈一些别的事情。我想请你们想一想这个问题：‘你们认为，公司里比较好的事情是什么？你们俩在过去半年是如何合作促成这些好的方面的呢？”

听到这个问题，CEO和女婿都非常吃惊，因为他们以为金斯利先生会大发脾气，也准备好了各种反击的说辞。但是当金斯利先生问出这个问题的时候，他们都同时领悟到了这个问题中所蕴含的智慧。不难想象，接下来的谈话与以往都不同，是一场非常富有建设性的谈话，CEO和女婿也达成了之前难以达成的共识。

实际上，“面向解决方案”的思维尤其适用于技术团队。因为对于工程师而言，长期的工程训练形成的思维定式，都是首先专注问题，然后发掘问题产生的原因，最终获得解决方案。但是，正如我们在上面金斯利先生的案例中看到的一样，如果仅仅关注问题，以及问题发生的原因，那么在处理团队沟通的问题上，得到的往往还是无休止的争吵，而不会推动事情的解决。而与之相反，在“面向解决方案”的思维中，更多聚焦的是“尽管有问题，但是什么还是有效的？”下面将看到，这种聚焦解决方案的思维将帮助团队解决很多沟通中面临的问题。

11.1 问题描述

在技术团队中，面对出现的问题，一个经常用到的方法就是“5W分析法”，通过连问五个“为什么”，去发掘问题的真正原因，以期制定相应的问题解决方案。然而，虽然连问五个“为什么”的方法在解决纯技术性问题时展现出有效性，但是如果将聚焦问题的思维带到解决团队问题上，那将引发如下的问题：

问题1：团队会产生负面情绪

没有人喜欢受到批评，因此，当使用“5W 分析法”在团队沟通中过于关注问题，以及问题产生的原因的时候，人们的直观反应都会将其视作是一种批评，从而准备好一系列理由进行反驳，进而“保护”自己。团队成员因此会产生一系列负面情绪，大家的关注点都在如何逃避责任，而非更好地解决问题。

“5W 分析法”的发明人大野耐一（Taiichi Ohno）是著名的丰田生产方法创始人，被日本人称为“生产管理教父”，他曾经用下面的例子演示了如何用“5W 分析法”寻找真正的问题原因。

现象：生产线上的机器人突然无法正常工作。

第一个“为什么”：为什么机器人停止了正常工作？

答案：因为线路过载，造成了一个保险丝跳闸。

第二个“为什么”：为什么线路过载？

答案：因为轴承的润滑不足，因此轴承锁死了。

第三个“为什么”：为什么轴承的润滑不足？

答案：因为机器人上的润滑油泵没有提供足够的润滑油。

第四个“为什么”：为什么油泵没有提供足够的润滑油？

答案：因为泵被金属碎屑堵塞了。

第五个“为什么”：为什么泵里面出现了金属碎屑？

答案：因为泵没有安装过滤网。

从这个例子可以看到，通过不断地追问为什么，最终找到的真正的原因，已经和人们一开始以为的原因大相径庭了。

问题 2：团队成员往往倾向于推卸责任

在《团队协作的五大障碍》一书中，第三大障碍就是“逃避责任”。而造成这个问题的原因往往都来源于团队管理者过分关注问题，以及造成问题的原因，这就自然联系到“是谁的责任”的讨论。在一个有充分信任的团队中，团队成员都能认识到这些追问只是为了团队共同的利益，而非针对个人，因此并不会引发冲突或者推卸责任。而在大多数团队中，由于缺乏足够的信任，团队成员往往会将这些讨论联系到针对个人的指责，从而引发推卸责任的行为。

问题 3：团队成员感到失望，缺乏创新，容易放弃

正是由于上面提到的团队或许存在的推卸责任的倾向，团队成员往往由于害怕失败之后被问责，更倾向于保守而不愿意创新和尝试新鲜的想法；即使是有了一些新的突破，也会在受到一些挫折之后便很容易放弃。

真实案例

在一个总是专注问题，而非关注解决方案的团队，下面这些场景你绝对不会陌生。

场景 1:（问题导向）我希望我能够做“xxxx”，但是，我没法做，因为原因“yyyy”。

场景 2:（问题导向）为什么他可以得到涨薪，为什么我不能，这一点也不公平！

场景 3:（问题导向）这个问题让我无计可施，我已经不知道该怎么办了……

场景 4:（问题导向）这个新方法也许有用，但是谁知道会引入什么风险呢，算了吧，不要冒险了……

实际上，只要换一个思路，聚焦点从问题变换到解决方案，立刻就会有完全不同的思路。例如，在上面的 4 个场景中，聚焦解决方案的思路是这样的。：

场景 1:（解决方案导向）我如何能够规避“yyyy”这个不利因素，从而实现“xxxx”的目标呢？

场景 2:（解决方案导向）我如何能够提升自己，让我也能够像他一样的涨薪？也许我应该让他给我一些建议。

场景 3:（解决方案导向）让我整理一下我的思路，看看如果用一种我从来没有想过的思路去解决这个问题，会是怎样？

场景 4:（解决方案导向）我记得另一个团队也使用过类似的方法，并且获得了很好的效果，也许我应该向他们请教一下如何规避风险，成功实施这个新点子。

11.2 解决方案和实施步骤

如果你的团队也出现了上面列举的问题，那么“面向解决方案”的思维一定是你工具箱中此刻最有力的武器！要使这个工具迸发出最大的效用，可以遵循下面的步骤。

第一步：转换思维定式

就像“盲人摸象”的故事所揭示的，每个人看到的东西很大程度上都由其所采用的思维定式所决定。例如，如果一个人觉得某件事很困难，或者是错误的，那么无论真实情况如何，这件事在这个人的眼中就会很困难或者是不对的，而且往往这件事就此会变得真的很困难。一个非常好的例子是著名的“墨菲定律”：如果你担心某种情况发生，那么它就更有可能发生。

因此，使用“面向解决方案”的思维，第一步，也是最重要的一步，就是转换思维定式，尝试着不要去太过关注问题或者那些负面的事情，而是以相反的态度，当问题出现时，聚焦如何解决问题，以及积极和正向的可能性（即使看上去有些不现实）。

第二步：利用有力的问题探索可能性

在转换了思维定式，关注点从问题转换到了解决方案之后，接下来就可以利用“有力的问题”去探索解决问题的可能性，见表 8。记住，“面向解决方案”的思维，最终目的是解决问题，而不是自我安慰或者阿 Q 精神自我麻痹。一个“有力的问题”，往往具有下列特征：

简短和直接的；

能够引发有价值的讨论，而非评判；

能够引发思考；

面向未来的问题会更加有力。

表 8

情　　景	问题导向思维	解决方案导向（有力的问题）	点　　评
一项对现有工作流程的改进意见被管理层否决	为什么我的建议总是被管理层否决？我觉得非常不公平	我怎么才能消除管理层的担忧，从而让我的改进方案获批	“有力的问题”避免评判，而是聚焦怎么达到目标
一位同事经常和你就软件架构设计产生争论和冲突	他为什么每次都要针对我的设计发难？我真的没法和他合作了	如果我希望在接下来三个月能够提升与他的合作，我能做什么	“有力的问题”面向未来，而非总是盯着过去
团队开发的软件在客户现场出现了故障，你和另外一位同事经过一天的检查，还是没有头绪	我已经采取了所有我能想到的方法，还是没有头绪，看起来我们无计可施了	如果有一个我们从来没有想过的、或者我们认为最不可能的解决方案（也许看起来和常规思路不符合），会是什么	“有力的问题”会引发思考

真实案例

美国国家航空航天局（NASA）于 1999 年发射了“火星气候探测者号（Mars Climate Orbiter）”，在火星气候探测者号进入轨道的过程中，突然失去联络，从而造成了此次发射任务的失败。经测算，火星气候探测者号的总成本是 3 亿多美元（包含轨道卫星及着陆卫星），其中 1.9 亿美元是研发支出。在经历了长时间的调查之后，终于发现了任务失败背后真正的原因——人为失误。火星气候探测者号上的飞行系统软件使用公制单位牛顿计算推进器动力，而地面人员输入的方向校正量和推进器参数则使用了英制单位磅力。在总结了这次项目失败经验之后，NASA 的研发团队在后续的航天器开发过程中，总会在最后问一个问题:“还有什么我们觉得最不可能出现问题的地方？”这个有力的问题的答案，将指导 NASA 的工程人员在最后验收过程中堵住那些“最小的漏洞”，从而避免类似火星气候探测者号事故的再次发生。

第三步：发掘和充分利用那些有效的事情

在利用“有力的问题”探索各种可能性的同时，“面向解决方案”思维还有另外一种重要的思想就是发掘和充分利用那些已经有效的事情。正如《不懂带人,你就自己干到死》作者在书中提到的,“发现那些做了之后没有效果的事情，立即停止；发掘那些有效的事情，继续保持”。正如在本章开头史坦宁的例子中看到的一样，对很多人而言，解决越南的儿童营养不良是一个非常宏大的系统工程，因而无从下手，而史坦宁则利用“面向解决方案”的思维，发掘了那些在同样环境下却身体素质较好孩子背后的秘密，然后复制他们的方法，因而取得了巨大的成功。

下面这些“有力的问题”或许可以帮助我们发掘那些有效的事情。

在过去一段时间，哪些事情帮助我们更加接近了目标？

如果去找公司里我们最为尊敬的管理者，然后让他就我们什么地方做得好并且应该保持发表意见，会是哪些地方？

假设此刻是年终的总结大会，回顾过去这一年，我们需要选出今年最有成效的三件事，那会是什么？

当遇到类似的问题时，有什么方法能够解决问题？

想象一下，此刻我们已经解决了那个棘手的问题，我们正在一起击掌相庆，那么是什么帮助我们获得了突破，解决了棘手的难题？

真实案例

敏捷开发者保罗（Paulo Caroli）在他写的一本专门讲回顾会议的书中，介绍了一个非常有趣的回顾活动：KFC。具体来说，当利用 KFC 法则进行团队回顾时，团队会依次被问到下面三个问题——分别称为 Keep 问题、Fix 问题和 Cease 问题。

问题 1：在上一个迭代中，什么事情是有效的，我们应该继续保持？

问题 2：在上一个迭代中，有什么事情效果欠佳，我们需要改进？

问题 3：在上一个迭代中，有什么事情做了没有什么效果，或者是一种浪费，我们应该停止？

实际上，KFC 法则充分利用了“面向解决方案”思维中“发掘和充分利用那些有效的事情”的原则。在实际操作中，的确取到了非常好的效果。

第四步：小步快走，持续改进

俗话说，“知易而行难”，同样的道理也适用于践行“面向解决方案”的思维中，最难的不是知道该做什么，而是如何脚踏实地去做。而很多情况下，好的想法没有被落实，一个重要的原因就在于这些想法或许没有可操作性，或者说太过于宽泛、宏大。

例如，对于一个六个人的敏捷软件开发团队而言，“在下一个迭代中，减少50%的软件故障数”就是一个看起来很美，但是非常难于操作和落实的想法。因此，在“面向解决方案”的思维中，推崇的是从具体而微的事情开始，从小的变化开始，坚持持续改进的原则。

真实案例

杰尼亚（Zegna Caetano）是意大利泽尼卡（Zeneca）一家化学工厂安全主管，他一直在为如何让员工在工作时随时都能佩戴防护用的安全眼镜而发愁。

在意大利，安全条例规定化学工厂的员工在工作时需要全程佩戴安全眼镜，但是很多员工因为各种原因（例如佩戴不舒服、忘记，等等）而没有遵守这个规定。杰尼亚花了很多时间去说服员工佩戴安全眼镜，但是收效甚微，因此，杰尼亚决定采取“面向解决方案”的思维来试一试。杰尼亚开始和其他经理一起用“有力的问题”寻找答案：“是什么特性让人们愿意佩戴眼镜？什么场合和特性让意大利男性愿意带上眼镜，甚至在没有必要戴眼镜的时候？”答案出乎意料的简单：当眼镜戴起来显得很酷和很时尚的时候！当发现了这个“秘密”之后，杰尼亚定做了一批戴上之后非常时尚的安全眼镜，之后的事情你一定可以猜到了——工厂的工人们在接到这些新的安全眼镜的那一刻，就迫不及待地开始佩戴上了眼镜！

一个小小的变化，却引发了大大的行为改变，进而提升了泽尼卡这家化学工厂的运营安全，这就是“面向解决方案”思维的强大力量。

11.3　结果

作为一个技术团队管理者，当你的思维模式从“问题导向”转化为“解决方案导向”，同时你的团队开始使用这种更加积极的思维模式之后，团队将发生下面这些积极的变化。

1. 团队变得更加积极

因为在出现问题之后，追查责任人不再是大家关注的重点，相反，如何解决问题成为大家讨论的焦点。因此，团队从“为什么？”“是谁的责任？”这些问题所带来的负面情绪中摆脱出来，而更加关注“下次如何避免类似的问题？”“在解决类似问题中，有什么好的经验可以借鉴？”这些更加积极的讨论。

2. 团队成员更倾向于承担责任

当承担责任不再是一件“高风险”的行为，而是积极为团队解决所遇到问题贡献自己力量的时候，团队成员会更加倾向于承担责任，积极创新。由于团队成员更愿意承担责任，也就会有更高的投入度，以及对结果的关注。《团队协作的五大障碍》中所提到的“欠缺投入”“逃避责任”，以及“无视结果”这些团队协作中常常出现的问题都会得到一定程度的解决。

3. 将遇到的问题更多视为可以被解决的挑战

作为一个技术团队，“问题”是大家都想避免的，但是“挑战”就会成功的期望往往能激发起团员成员的“迎战”情绪——因为工程师总是对能够解决各种各样的“挑战”而感到自豪。因此，当“面向解决方案”的思维将团队遇到的问题都视作能够被解决的挑战的时候，你会惊奇地发现：问题变少了，解决办法变多了，而团队的产出和效能也在不知不觉中提高了。

11.4 模式应用案例

应用案例：面向解决方案的教练谈话（Solution Focused Coaching）

在“教练型领导 Leaders as Coaches”实践中，一个应用了“面向解决方案”思维的有力工具就是“面向解决方案的教练谈话（Solution Focused Coaching, SFC）”。这个工具的核心就在于聚焦帮助被教练的对象（coachee）找到解决方案而非纠结于问题本身，发掘优势和有效的手段而非弱点，寻找积极的方法推进问题解决而非执迷于分析问题和障碍。实践证明，当教练在谈话中将被教练对象的能量导向到正向的领域（什么是优势、什么是有效的手段），被教练对象的激励水平和自信都将得到大幅提高，从而能够更好地发现解决问题的手段。

“面向解决方案的教练谈话”的发明者保罗（Paul Z Jackson）和马克（Mark McKergow）为了让更多人可以从这个方法中收益，总结出了一个简单易用的框架：OSKAR 教练模型。OSKAR 教练模型包括以下五个步骤：

明确目标和期望结果（Objective）;

利用度量问题澄清现状（Scaling）；

找出所需的知识和能力（Know-How）；

肯定与行动（Affirm & Action）；

回顾（Review）。

下面是一个典型的遵循 OSKAR 模型的“面向解决方案的教练谈话”的例子。

背景：Alice 是一位技术团队管理者，她现在遇到了一个管理难题：团队最近的软件开发质量明显下降，出现了比预期多 2 倍的软件缺陷，因此，她找到了 Bob，希望进行一次教练谈话。

Alice：嗨，Bob，我的团队最近软件质量下降严重，真是让我很发愁，你有什么好办法能帮助我吗？

Bob：Alice，很高兴你能信任我！我想，我的确有一个好方法能够帮助你！

Alice：是吗？那快告诉我，我希望马上就去尝试一下。

Bob：嗯，但是在我们讨论如何解决这个问题之前，我想首先来明确一下我们期望达到的目标。我想知道，如果你希望解决团队软件质量下降的问题，你最近一个月希望达到的目标是什么？

Alice：我的团队在年初共同设定的目标是：每个月泄露到客户那里的软件缺陷数目应该小于 3 个，我想这就是我这个月希望达到的目标。

Bob：好的，那么你希望从我们接下来的谈话中，得到什么呢？

Alice：我当然希望得到几个能够立即在我的团队使用的改善软件质量的方法啦！

Bob：好的，现在我们已经明确了目标。那我相信你已经就这个问题进行过一段时间的思考了吧，那如果 10 分是你已经找到了非常好的解决方案，而 1 分是你现在还完全没有头绪，那请你对你现在的情况打一个分吧。

Alice：嗯，这是一个好问题，我得想一想……（沉思之后）我想我应该只能打 4 分吧，我脑海中只有一些零碎的想法。

Bob：好的，那么你希望我们谈话结束之后，你能到几分呢？

Alice：我希望是 7 分吧，我期望我能够对现状和解决方案有一个较为清晰的想法。哎，不过现在这个质量问题真的是让我非常焦虑啊……

Bob：让我们先把问题放一边，我记得你在加入这个团队之前，曾经管理过一个硬件团队，是吧？

Alice：嗯，那个时候我们的质量可是一流的。不过，现在我的问题是软件啊，这可和硬件有着很大区别……

Bob：但是，当年你们一定也采取了很多办法提升硬件团队的质量，对吧？

Alice：嗯，我们当年可是有非常多的好方法啊！

Bob：那么你觉得其中有什么方法能够应用在当前的软件团队吗？

Alice：我还真没有想过这个问题……我想一想。

（沉思过后）

Alice：我想，虽然硬件和软件有些不同，但是当时我们确保质量非常有效的一个方法就是让两个硬件工程师一起工作——我的意思是他们会坐在一起，使用同一个显示器——这样就能够随时相互提醒和及时发现潜在的问题。我想，这个方法应该也能够在当前的团队使用。

Bob：嗯，非常好，还有吗？你是否知道其他软件团队在遇到类似问题的时候，是如何解决的？

Alice：哦，我想起来了，上次公司另外一个软件团队分享优秀经验的时候，曾经提到他们利用代码检测工具对常常出现的问题进行静态的代码检测，我想这也许可以应用在我的团队中。

Bob：你看，实际上在你的经验中，是有很多能够帮助你解决当前问题的“宝藏”的！

Alice：谢谢你，让我发现了这些我忽略的东西。也许是我之前太过于关注这个问题本身，怎么把这些都给忘了呢……

Bob：那你接下来准备怎么做呢？

Alice：我首先会把结对编程的实践引入我的团队，我相信两个工程师同时工作能够从一开始就减少出错的概率。第二，我会向使用了代码静态检测的团队咨询，看如何把代码静态检测工具引入我的团队。

Bob：非常棒！看起来你已经有一些可以实施的计划了。那你现在觉得你离解决这个问题，也就是达到 10 分，是否接近了一些呢？

Alice：当然，刚才我说只有 4 分，现在我相信我已经有 6 分了，而把这些想法真正实施了，我相信我会到 8 分的。谢谢你，Bob！

从上面这个“面向解决方案”的教练对话中可以清楚地看到，由于 Bob 采取了面向未来的态度，以及专注“什么事情是工作的”思维，整个教练谈话是在非常正向的气氛下进行的。更为重要的是，虽然 Bob 并没有给被教练对象 Alice 任何具体的建议，但是 Alice 通过对已有经验和已有资源的挖掘，在教练谈话最后已经找到了可以实际操作的问题解决方案。这也又一次体现了教练五大原则中所谓“每个人都有达到自己所期望目标所需的所有的资源”，这也正是“面向解决方案的教练谈话”的神奇之处。

第 12 章　“团队沟通”模式：表达感谢

郭士顿（Goulston）集团的创始人和 CEO 马克·郭士顿（Mark Goulston）在《哈佛商业评论》上发表的《如何有意义地表达感谢》一文中，讲述了一个对他影响非常大的表达感谢的故事。由于工作的关系，马克需要频繁地和公司的 CEO 和他们的行政助理打交道。一次，当马克因为一篇文章的写作需要联系一位非常著名的 CEO，这位 CEO 的行政助理在整个过程中为马克提供了非常多的协助和支持。因此，马克在文章发表之后，专门给这位 CEO 寄去了发表的文章，以及一封对她的行政助理的感谢信，信中马克这么写道：“如果有一天我也成为 CEO 了，我一定会雇用一位和您的行政助理一样的人——让我从众多繁杂的琐事中抽身。您的行政助理是那么热心、友好、乐于助人，更重要的是，她非常好地将您最宝贵的时间都用到了最重要的事情上。如果您没有意识到她对您是多么重要的话，我相信这不是她的错，而是您的错误——一个需要立即改正的错误。”一周之后，马克打电话给这位行政助理并询问她是否把文章和那封表扬信都交给了 CEO，行政助理回答道：“当然，我已经把您的文章交给了 CEO，但是您的表扬信我没有交给她。”“为什么呢？您一定是太谦虚了。”马克吃惊地问道。心想自己一定是弄巧成拙了。但是意外的是，这位行政助理却用非常高兴的语气说道：“我没有交给 CEO，我只是在电话中把这封表扬信读给她听了！我想，我最需要感谢的人，是您，马克先生。”不难猜到，马克和这位行政助理之后成为好朋友。

在普通人看来，这些位高权重的 CEO 和行政助理似乎并不在意别人对他们的一句小小感谢。但是，实际上，每个人都渴望得到别人的感谢，无论地位高或低。

从孩童开始，使用“请”和“谢谢”是我们从父辈那里学到的第一课。然而，随着年龄的增长，人们似乎越来越少的去使用这两个有力的工具。然而，正如罗拉博士（Dr. Luara）在一次著名的三分钟演讲《为什么你应该更多地说：谢谢？》中所揭示的，“谢谢（Thank You）”是一个充满了魔力的词语。绝大多数的人都非常渴望因为自己所做的事情得到他人的感谢。无论是在工作中，还是在生活中，感受到他人的赞扬都是非常重要的激励因素。罗拉博士指出，对于领导者和管理者而言，及时、经常性地对员工表达感谢会极大地提高团队的绩效，并且不会增加任何成本。

研究人员亚当（Adam M. Grant）和弗朗西斯（Francesco Gino）曾系统地研究过表达感谢的作用，他们的研究表明，仅仅通过表达感谢就能获得超过 50%的额外的帮助，这是一个非常惊人的数字，而表达感谢的成本几乎为零。在亚当和弗朗西斯的研究中，一家公司的总监曾经对部门中 50%的员工表达了非常真诚的感谢，感谢他们的努力工作对公司业绩的帮助。结果显示，在接下来的一个月中，部门的销售额增加了惊人的 30%——那些得到了感谢的员工以更加努力的工作回馈了这份真诚的感谢！

虽然已经有很多的研究证实了表达感谢的重要性，但是在实际工作中，还是有非常多的团队管理者没有用好这个有力的工具。因此，本章接下来将介绍一些操作性强而且效果很好的表达感谢的工具。

12.1 问题描述

员工满意度调查专业网站 TINYPulse.com 组织了一次针对全球 3 000 名不同行业员工的“员工满意度”调查①，结果显示：

87%的员工对组织的目标都有清晰的了解；

仅仅只有 20%的员工感到他们在工作中受到了充分的认可，剩下 80%的员工都感到在工作中得到的认可仅仅是“尚可”或者“很差”；

① https://www.tinypulse.com/resources/finance-and-insurance-employee-engagement-report

47%的员工对上级感到满意。

由此看出，每一位员工都期望获得认可，包括上级对其工作的认可，以及客户对其所提供的产品或者服务所带来价值的认可。然而，实际的情况却是管理者往往更加重视目标或者各种 KPI，而忽视对员工的认可。同样，管理者也没有意识到对员工的认可会对员工的参与感和组织的效率有非常重要的影响。

1. 对员工的认可能够提升员工激励水平

美国 Socialcast 网站曾经做过的一项调查显示①，65%的员工表示如果他们的工作能够得到及时的认可，他们会更加努力的工作。正如拿破仑所说的："我发现人为了获得绶带愿意冒着生命的危险，甚至宁死不惜。实际上，给我一条绶带，我会给你一支军队；给我足够的勋章，我能征服整个世界！"无论在工作中还是生活中，每个人都渴望获得认可，心理学之父威廉姆·詹姆斯（William James）曾说过的：人类最基本的心理需求就是被认可和被表扬。而对员工及时的认可，是一个成本几乎为零，但是效果显著的提高员工激励水平的好方法。

真实案例

拉兹洛·博克在其所著的《重新定义团队：谷歌如何工作》一书中，分享了谷歌是如何通过鼓励员工表达感谢从而提升激励水平的秘密。其实秘密非常简单。谷歌在公司办公室设置了一面感谢墙，每一个员工都可以把对其他人的感谢写在卡片上，附上希望感谢对象的照片，一并贴在感谢墙上。这样的设置虽然非常的简单，但是却能很好地鼓励员工说出心中对他人感谢的话，同时还能够以广而告之的方式让更多人了解到这些闪光的点滴时刻。可以想见，当员工发现自己在感谢墙上获得了他人的感谢，一定会非常开心，同时，这也会激励员工在将来有更多类似的行为。

---

① http://blog.socialcast.com/e2sday-the-power-of-recognition-in-the-enterprise/

类似的，在诺基亚公司，也有一个专门让员工对他人表达感谢的内部“点赞”工具，称为 Everyday Excellence，意指“日常工作中的闪光时刻”。通过这个工具，任何员工都可以非常容易地给其他人写上一封“表扬信”，同时这封表扬信也会抄送受到表扬的员工的经理。特别需要指出的是，在诺基亚这个内部“点赞”的工具中，表达感谢需要和诺基亚的四个价值观——尊重，挑战，成就，不断更新相关联。也就是说，表达感谢者不仅仅是泛泛地说一句“谢谢”，而是需要通过具体的事例说明接受感谢的员工践行了哪些诺基亚的价值观。通过这个小小的工具，既能鼓励员工之间相互表达感谢，从而提升员工激励水平，更能帮助推进企业文化价值观的落地，真的是一举多得而成本极低的好方法。

2. 对员工的认可能够提升 KPI

德勤咨询公司（Deloitte Consulting）的一项研究表明，在团队管理者能够经常对员工进行认可和奖励的团队，员工参与度、团队产出效率和客户服务质量比其他没有很好地对员工进行认可和激励的团队高出 14%。一个不合格的管理者是让员工产生“怕”，以此管理员工，因此目标设定、严格的 KPI 考核和批评是差劲的管理者常用的工具；而优秀的管理者通过对员工的认可激励员工提高 KPI。这也是管理者获得员工的尊敬和认可的有效途径。

3. 对员工的认可能够降低离职率

人力资源部门有一句名言：“员工加入一家公司是因为这家公司的雇主品牌，而员工离开一家公司绝大部分都是因为他的直线经理。”全球知名的人力资源公司 Globalforce 的一次调查显示[①]，如果公司有一套正式的认可和奖励机制，但在日常工作中没有得到及时的应用，55%的受访员工表示他们会认真考虑离开公司。原因非常简单，没有人会愿意在工作中被上级忽视。每个人都希望所做的工作得到关注，并且在做得好的时候得到及时的认可，在这样的环境中工作，员工会更加开心，投入度和激励水平都会更高，并且能够很好地意识到自己的工作给组织和客户所带来的价值，因此会有更高的忠诚度。

---

① http://www.globoforce.com/why-recognition/reduce-turnover/

只有当理解了几乎没有什么成本地对员工及时认可和感谢能够带来那么大的价值，团队的管理者才会意识到，用好这个工具会给自己打造高绩效团队的目标带来多大的价值（虽然绝大部分管理者都深知这个道理，但是对员工的及时认可和感谢却总是一个“管理盲点”）。因此，本章接下来将介绍几个非常实用的“表达感谢”的工具，以期为团队领导者的管理工具箱中再添几样“利器”。

12.2 解决方案和实施步骤

在介绍对团队成员表达感谢的工具之前，需要指出的是，就如在TINYPulse.com 所做的“员工满意度”调查中所显示的，80%的员工都表示，他们感受到的来自上级的认可和表扬是不足的。因此，作为一个管理者，完全不必担心对团队成员表扬太多，恰恰相反，管理者给员工的感谢和认可是远远太少，而不是太多。迄今为止，还没有一个研究表明有团队感到受到了太多感谢和认可！因此，作为管理者，不要犹豫，赶快从下面的“表达感谢”工具中选一个，去给你的团队表达你真心的感谢吧！

“表达感谢”工具 1：直接说出感谢

直接说出你对团队成员的感谢是最简单直接的表达感谢的工具。与通常使用的感谢邮件相比，面对面说出感谢会有更好的效果。一般来说，对团队成员表达感谢有三个层级：零级感谢，一级感谢和二级感谢。零级感谢就是即使看到团队成员有做得好的地方也没有表达感谢，这也是很多管理者日常管理中的“管理盲点”，即吝啬于表达感谢；一级感谢是仅仅说“感谢你”而没有阐述原因。很多管理者觉得做到这一级的反馈就足够了，但是，正如西奥迪尼博士在《影响力》一书中所阐释的，人们都期待一个原因，同样，员工在获得感谢时，也希望得到上级给出的原因，以及对今后的期望。否则，即使表达了感谢，也无法对未来产生持续的影响；二级反馈是不光说出感谢员工的话，还能够告诉员工是因为什么样的原因感谢员工，以及对员工的期待。在实践中，一个好的二级反馈可以采用下面的步骤。

（1） 开门见山，告诉员工今天谈话的主题是希望对员工表达感谢。

《金字塔原理》十六字总结中，第一条就是“结论先行”。因此，对员工说出感谢时，首先需要开门见山地说出今天谈话的主题是对员工表达感谢。例如，“小王，你现在有时间吗？我想就最近你高质量地完成新一年人力资源计划的事对你说声感谢。”

（2） 描述观察到的事实，因为员工什么样的行为要对其表达感谢。

与“反馈而非评估”中一样，表达感谢首先需要描述观察到的事实，从而让员工清楚是因为什么样的行为获得了他人的感谢，而且，描述事实一定要具体。人们通常认为表达感谢应该关注的是主观的评价（例如，“我非常感谢你”“因为你为团队所做的事让我很开心”，等等）。但是，如果不能把表达感谢构建于具体的事实和行为之上，被感谢者有可能会对感谢是否真心产生怀疑（例如礼节性泛泛的表达感谢），或者被感谢者无从得知今后需要保持什么样的行为。因此，为了使得表达感谢所带来的效果得到最大化，表达感谢者需要具体地描述感谢的原因是基于什么样的行为。

（3） 阐述员工的行为对团队和组织所带来的影响。

在描述了具体的行为之后，接下来需要阐述这些行为对团队和组织所带来的影响（Impact）。就如西奥迪尼博士在《影响力》一书中所阐述的，人们总是希望为自己的行为找到一个理由。同样，在表达感谢时，除了描述具体的行为和事实，提供为什么要感谢的原因，也就是员工的行为对团队和组织所带来的影响，是非常重要的一方面。这么做，既能为感谢提供理由，更能让被感谢的对象充分理解自己的行为所带来的价值，同时也为接下来对被感谢对象提出的期望做好铺垫。

真实案例

在西奥迪尼博士《影响力》一书中，专门论述了“给出原因”在影响力中的重要力量。哈佛大学社会心理学家兰格的一个实验证明了一条著名的影响力准则：当我们请别人帮忙时，如果能够讲出一个理由，那我们得到别人帮助的可能性就更大。原因很简单，人们就是喜欢为自己所做的事找一个理由。为了验证这一事实，兰格跑到图书馆，请排队等候复印的人帮她一个小忙：“对不起，我有5页纸要复印，能不能让我先复印呀？因为我有急事。”这种“请求+原因”的方式几乎收到了百分之百的效果，有94%的人让她排到了前面。但她不说明理由时，效果就差多了。“对不起，我有5页纸要复印，能不能让我先复印呢？”当她这样说时，只有60%的人答应了她的请求。

（4） 提出对未来的期望。

如果表达感谢仅仅只是停留在对过去行为的鼓励，那么表达感谢的力量就没有完全的释放。只有在对现有的行为进行鼓励之后，适时的提出对未来的期望，才能够让正向的行为持续地产生价值。

按照上述四步的框架，一个对员工表达感谢的例子是：

“小王，你现在有时间吗？我想就最近你高质量地完成新一年人力资源计划的事对你说声感谢。我观察到你在接到完成新的一年人力资源计划初稿的任务之后，及时地去各个业务部门进行了大量的调研，了解了各个业务部门基于各自的业务计划对人力资源方面在新的一年的需求。为了顺利完成计划的初稿，你和部门参与项目的同事这一周都自愿加班工作。在今天的计划审阅会议上，这份人力资源计划初稿得到了领导的一致认可，这为我们人力资源部门在新的一年获得足够预算开展业务打下了重要的基础，同时也展现了我们人力资源部门的实力，所以我想对你表达真诚的感谢。接下来，我们需要按照审阅意见完善计划，我期待你能够再接再厉，继续在充分理解审阅意见和各个部门需求的基础上，带领其他同事一起按时高质量完成修改稿的任务。我相信，下周我们一定能够再次交出一份让大家‘惊艳’的计划！”

“表达感谢”工具2：“Who thank who”活动

除了一对一的表达感谢，还可以选择在团队会议上集体表达感谢。一个非常有趣的活动就是“Who thank who（你想感谢谁？）”。在团队会议上，团队领导者可以邀请团队成员向其他任何成员表示感谢，唯一的要求是：所有的感谢都需要给出理由，并且理由最好与组织和团队的文化及价值观相关联。一个典型的感谢句式是：“我想感谢我们团队的×××（谁），因为他在这周×××（做了什么)，他的行为非常好地体现了我们组织的×××价值观（和团队文化、价值观相连接)”。

这个工具，不仅能够在团队中鼓励相互协助和发掘闪光点的行为，更重要的是能够在“润物细无声”中推动组织文化价值观的落地。

“表达感谢”工具 3：为团队成员提供“闪光时刻”

为团队成员提供“闪光时刻”，也是非常好的表达感谢的工具。例如，让做出优秀成果的团队成员在更大的场合，向更高级别的经理展示其工作，就是非常好的提升团队成员参与感，同时也是对团队成员表达感谢的重要手段。在部门、公司的内部刊物，或者内部讨论组上刊发团队成员的优秀事迹和工作成果，也是对团队成员表示感谢的好方法。

12.3 结果

作为团队领导者，在有意识地运用二级感谢的方式向团队成员表达感谢之后，你会发现，团队发生了积极的改变：

团队成员变得更加积极主动，因为自己好的行为能够被管理者及时观察到。

团队成员的绩效会提升，因为团队成员能够更好地认识到自己的工作对组织和个人带来的价值。

团队成员会更加倾向于相互帮助，团队成员之间相互的感谢收到了良好的效果。

产生了这些变化，团队管理者还会收获的是团队整体业绩、KPI，以及员工满意度的提升，同时，团队的离职率也会保持在一个较低的水平。而这一切，都来源于并没有什么成本的“表达感谢”。因此，作为团队管理者，你还需要犹豫什么呢？

12.4 模式应用案例

应用案例：一分钟经理人的“一分钟称赞”

在肯·布兰佳和斯宾塞·约翰逊有名的《一分钟经理人》一书中，在“一分钟目标”和“一分钟批评”之外，非常重要的一分钟技能就是“一分钟称赞”！书中的主人公是一位希望探寻经理人秘密的年轻人，在和“一分钟经理人”的下属聊天的过程中，发现了一分钟经理人的“一分钟称赞”的秘密。而这“一分钟称赞”的秘密，就和本章介绍的表达感谢工具“当面说出感谢”有异曲同工之妙。

真实案例（节选自《一分钟经理人》）

“一分钟称赞?”年轻人又重复了一遍。“这是成为一分钟经理的第二个秘密吗?”

“是的。”莱维透露说，“实际上，我刚开始在这里工作时，一分钟经理就让我清楚地知道他打算做的事”。

“那是指什么?”年轻人问；“他说，如果我让他清清楚楚地了解、反馈我干得怎么样，他可以使我更容易地做好工作。”

“他说，他希望我取得成功。希望我对企业有很大帮助，并且喜欢自己的工作。”

“因此他告诉我，他的打算是，当我干得好和干得差时，他就会用毫不含糊的方式让我知道。”

“其次，他警告我，起初这样做对我们双方可能都感到不太舒服”。

“为什么?”年轻人问。

“因为，正像他后来向我指出的那样，大多数经理是不使用那种方法的，而且人们对那种方法也不习惯。后来他使我确信，这样的反馈会给我很大的帮助。”

“你能举个例子吗?”年轻人要求道。

“当然可以。”莱维说：“在工作不久我就注意到，我的经理同我制定了一分钟目标之后，他与我保持着密切联系。”

“你说的‘密切联系’是什么意思?”

“他做这件事采用两种方法,”莱维解释道，“首先，密切观察我的活动，好像他总是离我不很远。其次，他要我对取得的进步做详细记录，并且坚持要我把这些记录送给他。”

“这真有趣。”年轻人说，“他为什么这样做呢?”

“起初我以为他是对我不信任，在暗中监视。后来我发现，其他一些职员也在把自己所做的工作向他报告。”

“那是干什么?”年轻人想要知道。

“他在努力去发现我做的正确的事情。”莱维说。

“发现你做的正确的事情?”年轻人重复一句。

“对。”莱维回答说，“我们这里有一句座右铭，那就是：帮助人们发挥他们的全部潜力，发现人们做的正确的事情。

莱维继续说:”大多数企业中,经理们要花大量的时间去了解人们在做什么,你知道他们想要知道什么吗？”他问年轻人。

年轻人笑了，装着知道的样子说：“发现人们做的错事。”

“对。”莱维说，“在我们这里，我们把注意力放在肯定的方面，也就是，去发现人们做的正确的事。”

年轻人在笔记本上记了几笔，然后问：“莱维先生，一分钟经理发现你做了正确的事情，他会怎样呢?”

“那就是他给你一分钟表扬的时刻。”莱维笑着说。

“那是什么意思?”年轻人问。

“好，当他发现你做了正确的事情的时候，他就会走来，常常是把手放在你的肩头上，或者用一种友好的方式简短地同你见一见面。”

“这样做不打扰你吗?”年轻人奇怪地问。

“不会的，”莱维坚持说，“正相反，这样会有好处。因为我知道他是真正地在关心我。希望我获得成功。

“正像他所说的那样，‘你的职员越是取得成功，你在企业中的地位也会越高。’”

“他这样做，虽然是简短的接触，却可使我又一次知道他是和我站在一起的。”

“不管怎样，”莱维接着说：“他是用眼睛在注视着你，并且清楚地告诉你什么事情做得对，因而也让你分享他因你的工作而具有的愉快心情。”

“我从未听说过有哪一个经理这么做，”年轻人插入一句话，“这一定使你很快活吧?”

“当然，”莱维证实道：“这里有几个原因。首先，我做了正确的事马上就得到称赞。”他微笑着，上身向年轻人探着，然后大笑着说：“我不必等到年终总结，你明白我是什么意思吗?”

两人都笑了起来。

“第二，由于他准确地指明我的什么事情做对了，使我知道他是诚挚的，他对我的工作是了解的。”

第 13 章 “规划与实施”模式：看板助力敏捷规划

拿破仑在打每一场战役之前，都会非常仔细地进行计划，但是每一次打仗都不是按照他原来的计划进行。有人质疑拿破仑，既然每一次战役都不是按照事前的计划进行，那么又何必要做详细的计划呢？拿破仑说：“因为战争是不确定和变化无常的，所以无法掌控；但是，唯一能够掌控的就是事前计划的过程。先把打算怎么打仗计划好，然后按照这个计划、这样的战略去做。至于实际上是怎么样的，只能临场应变，没有别的办法。”这就是拿破仑成功的关键。

用中国文化中辩证统一的思想来解释拿破仑的策略，可以理解为：既要有计划（Plan），更要有计划的过程（Planning）。没有计划，就很可能花了大量精力去做错误的事情。然而，有了计划，也不能保证一定能够到达预期结果，因为计划永远赶不上变化。但是在计划的过程中所付出的所有努力，都会帮助团队识别可能引发变化的因素，从而更好地让计划考虑到可能的变化，或者在执行计划过程中对计划进行持续的修正。下面介绍的两个模式“看板助力敏捷规划”和“结构化思维让规划更优化”，就是让计划更加有效的实用策略。

第 13 章和第 14 章将介绍“团队制胜六步工作法”中的“规划与实施”模式：

- **看板助力敏捷规划**
- **用结构化思维让规划更优化**

1948 年，丰田公司因为生产过剩，以及产品滞销的原因，造成资金链出现问题。这使得当时的生产主管大野耐一开始注意到局部优化的弊端，并开始着眼全局思维，思考如何让整个流程完美衔接，从而避免局部优化所造成的困境。一天，苦苦思索中的大野耐一突然在超市购物时获得了灵感：在超市的货架上，无论何时卖完的商品总是能够被及时补充到货架上；然而，超市中补货和上架并没有严格的时间表控制。究其原因，就在于超市的货品从库房转移到货架，或者被购物的消费者拿走，这一切都是一个可视化的过程。超市的理货员唯一要做的，就是对货架的情况进行观察，然后基于货架是否出现空缺决定是否下单订购新的货品。有了这个灵感，大野耐一在 1955 年提出了丰田生产系统中的看板。看板就像一个空的货架，生产线上的任务就好像超市的货架上的商品一样进入生产系统（“货架”），这样就将生产环节的进度在视觉上进行了跟踪，人们可以一目了然地发现瓶颈在哪里，“空缺”在哪里，生产系统是否衔接紧密。看板系统，从视觉上对全局进行了可视化的展现，从而避免了局部优化所带来的问题，看板系统也就是后来著名的“丰田生产方式（Toyota Production System，TPS）”的发端。

近年来，越来越多的软件开发团队开始拥抱敏捷开发；然而，如果做一个“困扰敏捷开发团队问题”的调查，高居榜首的，一定少不了“如何有效地做敏捷规划”。敏捷规划（Agile Planning）本质上就是敏捷开发团队基于其过去迭代中将用户故事（User Story）转化为真正可以工作的软件并交付给客户的能力，对将来的迭代该做出的预测。看起来，敏捷规划是一个非常典型的工程学问题，然而，在实践中，正是由于软件开发中存在的持续不断的变化，使得敏捷团队的规划过程变得困难重重，而非一个典型的线性系统那样规定了输入，就会获得期望的输出。如何面对频繁和必然发生的变化，让敏捷团队的规划变得更有价值，是每一个敏捷软件开发团队管理者都需要思考的问题。在本章我们将看到如何利用看板思想和实践，让敏捷软件团队的规划变得更加有价值。

13.1 问题描述

一个软件团队（技术团队）的管理者往往会发现，无论你和你的团队对目前的工作做了多么细致的规划，下面几个问题似乎总是会“如影随形”。

问题 1：开始了却未完成的工作总是存在（而且似乎数量还不少）

每个软件团队都不会对计划周期接近尾声时，那些开始了却未完成的工作感到陌生。实际上，那些开始了却没有完成的工作往往是团队某个或多个潜在问题的表现。从“精益软件开发”的角度，开始了却未完成的工作都是“无谓的浪费”，而且这些工作都无法计入团队的开发速率。同时，由于未能按时完成对客户所做出的承诺，这些开始了却没有完成的工作也会让客户对团队交付能力产生质疑。因此，无论从内部还是外部的角度来看，开始了却未能完成的工作都是软件开发中极大的浪费。

问题 2：如何处理软件缺陷（Bugs）

从本质上看，软件缺陷可以看作是另一种形式的“需求”，但却是团队不喜欢、也不会产生价值的需求。在“精益软件开发”中，软件缺陷同样是一种“无谓的浪费”。因为每一分钟花在处理软件缺陷上面的时间，都是从开发对客户有价值的需求中挤出来的，这也是在敏捷软件开发中追求“零缺陷”软件的原因。但是另一方面，无论软件团队如何追求“零缺陷”，软件缺陷的数量和发生都是不可避免的，而且是不可预测的。这也对软件团队进行战略规划和任务实施提出了新的挑战。

在“精益生产”理论中有以下七大浪费。

1. 缺陷的浪费（Defect）

所有内部和泄露到客户端的软件故障，以及修复其所带来的投入，都是浪费。

2. 需求之外的开发（Overproduction）

在软件开发中，过量的生产意味着开发了客户需求之外（规格说明书之外）的功能，这些投入，看似对客户有用，实际上也是浪费。

3. 等待的浪费（Waiting）

如果不同的软件开发团队相互之间存在依赖，一方开始工作要依赖于另一方工作的完成，那么就会产生等待的浪费。

4. 部分完成的工作（Partially Done Feature）

无法交付给客户，或者无法得到客户验收的软件开发成果也是一种浪费。因为和其他行业一样，在客户验收之前的“待交付产品”，都是没有任何价值的，加上“维护”这些待交付产品的投入，就是浪费。

5. 移交（Handover）

在软件开发中，无论是软件的设计、还是具体的编码实现，当这些知识需要在不同的人之间交接的时候，信息都会在沟通中被误解或者丢失，而因为低效的沟通产生的误解所引发的软件缺陷，或者是为了保证信息准确而做的过度沟通，都是软件开发中的浪费。

6. 在不同任务间切换的浪费（Task Switching）

研究表明，软件开发人员在不同任务间切换平均需要花费 30 分钟才能进入全效工作状态。因此，频繁的任务切换将导致大量低效的工作时间，这也是一种浪费。

7. 重复学习（Relearning）

程序开发不是一个简单的工作，不仅寻找合适的解决方案和架构设计是复杂的脑力工作，记住或者是去寻找一个已有问题的解决方案也是花费时间的工作。因此，如果没能很好地整理软件开发中的组织过程资产（例如易于搜索的文档和程序库），那么不同的团队成员在接手新的任务时所花费的重新学习的时间，也将是很大的浪费。

问题 3：如何管理和规划“难点刺探（Spike）”工作

对于敏捷软件开发团队而言，对于那些未经一定的研究而无法进行工作量和技术难度估算的工作，会采用一种叫作“难点刺探（Spike）”的方式来进行管理。一个“难点刺探”就是一个长度固定的时间段（例如 3 到 4 个小时）专门用来调查和研究那些不清晰的或者较难的问题。但是，在实际工作中，情况往往是通过一个“难点刺探”的尝试，结论是再需要一到两个“难点刺探”来进一步完成剩余的工作，从而获得对所研究的问题的工作量和难度的估计，否则，第一次的“难点刺探”就成为“沉没成本”。另一方面，增加 Spike 的时间，无异于又一次压缩了完成客户需求的时间，这又是一个艰难的选择，也是敏捷软件开发团队规划的又一个挑战。

13.2 解决方案和实施步骤

如果作为软件团队的领导者或者团队成员的你，也曾被上述问题所困扰的话，那么看板的思想和工具或许能够帮助你让团队规划更加富有成效。在介绍如何使用看板之前，让我们先从理解看板开始。

要理解看板，本章开头超市的例子就是最好的例证。超市的存货分为两类，一类是在货架上的展示商品，另一类是超市现场库房中为数不多的存货。顾客去超市很难发现超市的货架上出现商品空缺的原因，就在于当货架上的商品出现空缺时，可以立即用现场库房中的存货补上，同时再下订单给生产商补充库房存货。同时，超市也不会储备过多的存货在库房，从而免去了规划和维护过多库存的浪费。对于超市来说，这个过程非常高效且成本最优，同时，对于客户来说，总是能够买到新鲜的商品，且不必担心喜欢的商品会出现缺货，好处显而易见。

把超市例子中的原则，应用到敏捷软件开发中，可以总结出下面四条看板原则和实施步骤。

原则 1：让工作流可视化（Visualize Workflow）

在上面超市的例子中，顾客和超市的理货员总是可以通过观察货架得出商品是否缺货的判断；类似地，看板第一条原则就是可视化。与其他商业流程不同，看板并没有定义一个标准的工作流。在看板中，工作流随具体的应用场景不同而有不同的抽象，唯一的要求就是工作流需要可视化出来。可视化的工作流是看板的基础，以及后续发挥看板威力的重要依托。

在实际操作中，第一步就是基于现有的工作流进行抽象。图 17 就是一个典型的敏捷软件开发的工作流。正如下面即将看到的，看板思想中可视化工作流的优势在于，可以非常直观地通过可视化看到流程、进度、问题，发现瓶颈和价值。

图 17　可视化工作流

实际上，无论是敏捷理论，还是当前非常热门的 DevOps 理念中，团队信息的透明化（Transpancy），以及基于透明化的信息所获得的及时和快速的反馈，都是非常重要的成功因素之一。例如，在敏捷理论中，团队的燃尽图（Burndown Chart）、每日例会（Daily Stand），以及信息展示板（Radiator），目标都是为团队和产品经理提供透明的关于团队工作进展的信息。同时，如果能够以非常低的成本快速获得团队工作进展的信息，那么管理所带来的额外开销也能够降低。看板实践的第一条原则就是让工作流可视化，这不仅能够为团队提供信息的透明化，也能够为管理者提供透明化的信息，从而降低管理的额外开销。例如，团队管理者希望获得关于团队工作进展的信息，如果没有看板，那么管理者需要通过与相关的团队成员面谈以获得信息，而这些面谈不仅占用了团队成员的工作时间，还会打断团队成员的工作（研究显示，人们在进行一项工作的时候，如果被打断思路，平均需要 20 分钟时间才能重新恢复到被打断之前的效率）。

而如果有了看板，那么管理者就可以自己通过看板获取所需的工作进展的信息。

原则 2：对“开始但是未完成的工作”设限

“精益软件开发”中总结的软件开发七大浪费，其中非常重要的一个就是“开始但是未完成的工作”。在看板中，工作流中那些“开始但是未完成的工作”（如货架上还没有销售出去的商品）的数量是受到限制的（称为 Work in Progress（WIP）limit），只有当看板中的工作在工作流中流动之后，后续的新工作才能被“拉入”工作流并被开始，就如货架上的商品被客户购买走，进入“工作流”的下一阶段，才会引发存货从库房进入货架。

这样做的优点在于：首先，新工作进入工作流的前提在于已经在工作流中的工作有了进展，可以进入工作流的下一步进行处理，因此避免了同时开始一系列工作所造成的工作流瓶颈。其次，由于只有专注在完成已经开始的工作，才能有机会让更多工作进入工作流，团队的注意力会集中在如何减少“开始但是未完成的工作”，因此可以大大降低无谓的浪费。图 18 展示了在典型的敏捷软件开发工作流上加入 WIP 数量限制的一个 Kanban 的例子，其中“需求分析”阶段可“容纳”的开始但未完成的工作限制数量为 3，这就意味着最多只能有三个工作“停留”在此阶段，如果有第四个工作希望进入这个阶段，那就要求敏捷团队群策群力，完成至少一个“需求分析”阶段的工作，并将其移入“代码开发”阶段。很显然，正是由于在工作流的每个阶段都有了对开始但未完成工作的数目限制，才使得团队聚焦如何将开始的工作尽快完成，而不是不断开始新的工作，从而造成很多“未完成的工作”的浪费。

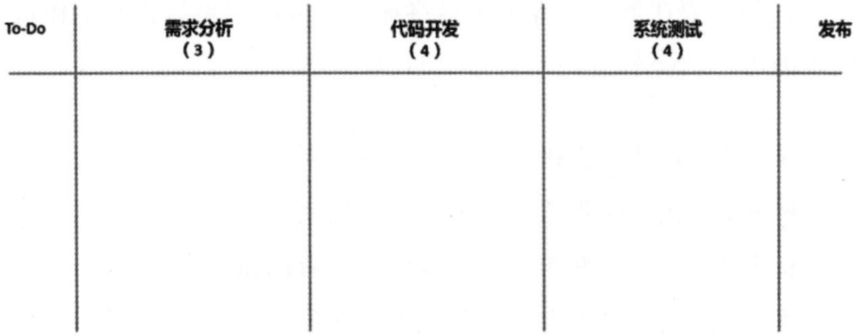

图 18 对“开始但未完成的工作”设限

原则 3：关注看板中工作的流动，而非完美的计划

当前两条原则被实施之后，团队的注意力应该聚焦于不同工作在看板上的流动（从看板的左手边进入工作流，并最终进入最右边的“完成”），而不是仅仅停留在一份完美的计划上。

具体来说，对于一个使用看板实践的敏捷开发团队而言，所有从产品经理（Product Owner）那里得到的工作，只需要在进行了初步的分解和工作量大小估算之后，就可以直接加入看板中最左边“待办（To-Do）”一栏。接下来，团队在看板中可以按照优先级，在有需要“拉入”更多工作时，按照优先级顺序在“待办”任务中选择待开始的工作即可。

Agilistic 的创始人克里斯蒂娜（Christiaan Verwijs）总结了以下 6 个拆分用户故事的非常实用的方法。

用户故事拆分法 1：按照工作流（Workflow）

如果一个大的用户故事包含一个工作流的话，那么可以考虑按照工作流中的步骤将用户故事进行拆分。下面是一个客户创建的内容管理系统的用户故事。

作为内容管理员，我需要在企业网站上发布新闻。

这事儿听起来不大，直到我们深入了解发布一个新闻的工作流程。才发现原来只是为了在公司网站上发布几句话的新闻，也需要通过编辑审核，以及法律审核，并且还需要在测试站点上做最终评审。因此，可以按照工作流步骤将这个比较大的用户故事拆分为一系列小的用户故事。

子用户故事 1：我可以直接在企业网站发布新闻。

子用户故事 2：我可以发布经过编辑评审的新闻。

子用户故事 3：我可以发布经过法律评审的新闻报道。

子用户故事 4：我可以查看测试站点上的新闻。

……

子用户故事 N：我可以将测试站点的新闻报道发布到产品站点。

用户故事拆分法 2：按照业务规则（Business Rules）

很多用户故事会涉及一些显式或者隐式的业务规则，可以根据这些业务规则对用户故事进行拆分。例如：

作为用户，我可以灵活的搜索航班日期。

深入挖掘“灵活的日期”揭示了几个不同的业务规则，每个里面都包含一个故事。

子用户故事 1：作为用户，我希望能够在 x 和 y 之间的 n 天搜索航班。

子用户故事 2：作为用户，我希望能够在×月的一个周末搜索航班。

子用户故事 3：作为用户，我希望能够在 x 和 y 之间的 n 天前后搜索航班。

用户故事拆分法 3：按照主要工作（Major Work Item）

根据主要投入或工作量来拆分故事。有时一个故事可以分为几部分，大部分的工作将用于实现第一个故事。例如，一张信用卡处理的故事。

作为一个用户，我可以用维萨、万事达、大来卡或美国运通支付航班费用。

这个故事可以分成四个故事，每个卡型作为一个故事。但是首先实现第一种信用卡付费的工作量最大。一旦第一种信用卡能付费，再增加其他信用卡，其工作量就小很多。所以信用卡处理基础设施应该以支持第一个故事为目的进行构建，以后添加更多的功能则相对简单。因此，我们只需要拆为以下两个用户故事。

子用户故事 1：我可以使用一种信用卡付费（维萨、万事达或美国运通中的一种）。

子用户故事 2：我可以使用所有三种信用卡付费（假定其中一种已经支持了）。

这两个新的故事仍然不是独立的，但要比为每种卡的类型写一个故事依赖关系更清晰。

用户故事拆分法 4：按照接口可变性（Input Options/Platform）

对于需求中业务流程和逻辑规则相同，仅涉及接口不同，也就是获取数据的渠道和方式不同，我们可以基于接口的差异进行故事拆分。

例如下面这个用户故事：

作为微信用户，我可以添加好友以便扩大朋友圈。

根据接口可变性拆分如下。

子用户故事 1：……我可以通过摇一摇方式添加好友。

子用户故事 2：……我可以通过扫二维码方式添加好友。

子用户故事 3：……我可以通过手写输入方式添加好友。

用户故事拆分法 5：按照典型业务操作（Operations）

很多用户故事都设计有一些典型的业务操作——CRUD，即：Create（增加，创建），Delete（删除），Update（更改），Read（查询）。可根据这些操作对用户故事进行拆分。例如：

作为系统管理员，我希望能够管理使用系统的用户。

通过与系统管理员沟通，了解到他希望能够增加使用系统的用户，也能够将不再使用系统的用户（如离职、更换部门等）删除，那么我们可以将用户故事拆分成下面几个更小的故事。

子用户故事 1：我希望能够添加新用户，使其使用系统。

子用户故事 2：我希望能够查询当前系统有哪些用户。

子用户故事 3：我希望能够修改用户的信息，方便管理用户。

子用户故事 4：我希望能够删除用户，保证只有必要的人在使用系统。

用户故事拆分法 6：按照正常和异常场景（Happy Unhappy Scenario）

在我们讨论用户故事时，往往仅关注那些正常的场景，而忽略了那些异常的场景。但是，一个完整的用户故事，其实需要包括正常和异常的场景。因此，我们可以按照正常和异常场景对用户故事进行拆分。例如：

作为用户，我希望登录我的账户，从而能够看到被密码保护的页面信息。

对这个用户故事，我们可以按照正常和异常的场景将其拆分为几个子用户故事：

子用户故事 1:（正常）作为用户，当我用正确的用户名和密码登录账户时，能够登录成功，从而看到被密码保护的页面信息。

子用户故事 2:（异常）作为用户，当我无法用用户名和密码登录时，我希望能够重置我的密码，从而让我再次进行登录。

子用户故事 3:（异常）作为用户，当我无法用用户名和密码登录时，我希望能够有提供注册新账户的选项，从而让我重新注册用户登录系统。

子用户故事 4:（异常）作为用户，当我连续三次登录失败时，我希望能够对我的用户进行防黑客保护。

子用户故事 x...

原则 4：持续提升，不断改进看板

看板绝对不是一旦完成就可以宣告成功而无须任何改变，相反，完成了上述三步之后，看板仍然需要持续的监控和分析，去发掘更好的改进措施。对于一个敏捷软件开发团队而言，外界环境、资源情况、客户需求，以及团队内部的调整都会随时发生，因此对看板中工作流的持续监控和分析，不断寻找并移除可能存在的阻碍敏捷团队提升工作速率（velocity）的因素，才是发挥看板最大作用的不二法则。

在实际操作中，团队会在使用看板之后，定期进行回顾。通过讨论下列 2 个问题，团队可以发掘可能的改进方向。

（1）基于团队的反馈和团队工作速率（Velocity）数据，有什么地方看板给我们带来了提升，我们需要继续保持？

（2）如果我们希望进一步优化工作流并提升工作速率，还有什么可能的改进？

图 19 就是团队在运行一段时间后，对图 18 中的看板进行改进的例子。在这个例子中，针对“需求分析”和“代码开发”完成速率不匹配的问题（通常情况下，“需求分析”比“代码开发”需要的时间少，因此，会有一些需求分析完成的工作堆积，没法进入代码开发阶段；而由于需求分析的 WIP limit，造成了没法开始新的需求分析工作），团队在工作流内部进行了细分：在“需求分析”和“代码开发”中，加入了“进行中”和“已完成”两个子阶段，并且为每个子阶段制定了相应的 WIP limit。在增加了子阶段进行“缓冲”之后，团队的等待减少了，从而提升了整体的工作速率。

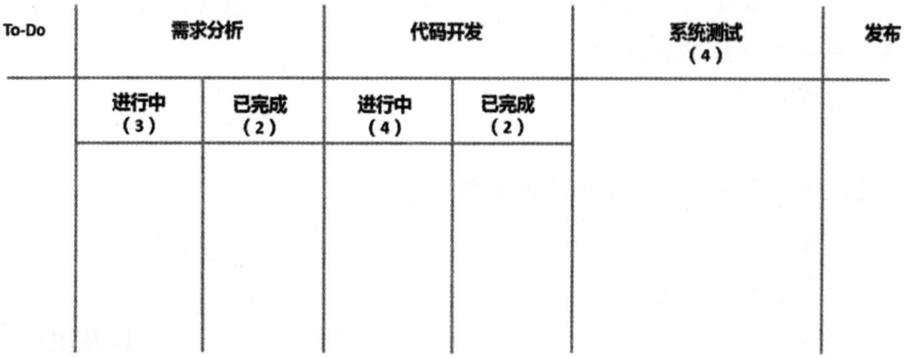

图 19　改进后的看板

13.3 结果

在实施了上述四条原则和步骤之后，让我们再次回到本章第 1 节中的三个问题，看一看是否看板能够助力这些问题的解决。

问题 1：开始了却未完成的工作总是存在

由于使用了看板将整个工作流和工作的状态进行可视化展示，让团队成员一目了然地知道每一个工作的状态和瓶颈，从而推动问题解决和工作的推进。更为重要的是，由于看板中对“开始但是未完成的工作”的数目进行了限制，因此从机制上限制了团队不断开始新工作的冲动，而是把团队的注意力导向把已经在看板中的任务尽快完成。

实践证明，实施了看板的敏捷软件团队的“开始但未完成的工作”数目一般都有较大的降低，从而提升了团队工作速率，降低了浪费。

问题 2：如何处理软件缺陷（Bugs）和问题 3：如何管理和规划“难点刺探（Spike）”工作

对于这两个问题，看板的解决办法也很巧妙：与其花时间和精力去预测可能的变化，还不如少对未知的工作进行预测。所有的工作，无论是用户的需求，软件缺陷的修复，还是“难点刺探（Spike）”，都被视为同一类的工作，唯一区别只是这些工作的优先级。在看板中，当工作流中出现“空档”，可以“拉入”更多工作时，团队只需要按照从最高优先级依次开始新的工作即可。这样做的好处是：首先，总是能够保证高优先级的工作得到优先处理和完成；其次，团队无须对突发性的工作，例如软件缺陷等，进行事先的预测，从而节省了精力。这其实和敏捷价值观中关注“工作的软件”的理念是一致的：敏捷软件团队最高优先级的工作，就是产生可工作的软件，从而为客户带来价值。因此，团队只需要把精力放在尽快完成最高优先级的工作上。

因此，如果你的团队也一样是面对比较频繁的变化，以及较高不确定性的环境，那么看板的原则和实践，一定能够帮助你的团队改进规划过程，提高工作速率，更好更快地为客户产生价值。

13.4 模式应用案例

应用案例：利用看板助力敏捷软件团队每日例会

对于敏捷软件开发团队而言，每日例会非常有用，通过这个会议，每个团队成员可以了解团队总体的工作情况，其他团队成员是否遇到障碍需要协助，或者自己是否需要其他团队成员协助从而更好地完成工作。然而，在实践中，每日例会却变成了每天“不得不开的会议”，常常出现的问题如下。

团队成员只向 ScrumMaster 汇报自己昨天做了什么，今天准备做什么，之后的会议讨论也不再参与。

大家只关心自己的工作进展，而对团队整体的进展，以及目标达成情况“漠不关心”。

团队成员没有从每日例会中获得足够的价值，因此经常会有迟到现象。

因此，如果希望将每日例会从一个“不得不开的会议”转变为“富有价值的讨论”，看板是一个非常有力的武器。如图 20 所示，在使用了看板工具的团队，每日例会可以选择在团队的看板前举行，而团队的视角也将从每个个人的状态汇报转变为针对看板上工作流中的工作的富有价值的讨论。具体来说，使用看板之后，每日例会会有如表 9 所示的改变。

图 20　利用看板的每日例会

表 9

价　值	使用看板之前	使用看板之后
可视化	团队成员只能口头进行汇报，而无法对汇报内容进行可视化展示	团队成员的陈述和讨论都可以基于看板中的工作进行，充分满足了人视觉化思考的需求
专注于推动工作完成	团队成员汇报内容是“我昨天做了什么，今天准备做什么”，但是做了很多事情，有时和工作是否有进展却没有太大关联	团队成员汇报内容都是针对在看板上待完成的工作，而且目标就是让工作能够尽快在工作流中“完成”
瓶颈和问题一目了然	缺乏可视化的展示，每日例会无法快速暴露团队的瓶颈和存在的问题	设置了“开始但未完成的工作”数目限制的看板可以一目了然地暴露瓶颈所在，从而激发团队进行“如何移除障碍，解决瓶颈”的有价值的讨论
价值和成就感	由于退化为个人工作汇报，每日例会变成了一项任务	由于关注的是团队工作是否完成，并且团队成员齐心协力移除障碍，确保工作得以完成

作为一个敏捷软件团队的管理者，如果你也希望上面这些“神奇”的变化在你的团队中发生，那么看板无疑是你应该拥抱的工具！

第 14 章 “规划与实施”模式：用结构化思维让规划更优化

“一位从成都准备运送货物到西安的卡车司机，货车装满货物之后高度为 3 米，如果在常去的道路途中有一座桥，限高是 2.95 米，那么司机应该如何处理这个问题呢？”这是在一次培训课堂上培训老师给学员们出的一个问题。问题看起来非常简单，而学员们也非常快速地给出了五花八门的答案：到限高的地方把轮胎放一点点气，到限高的地方把货物卸下一些从而降低高度，或者换一条线路、换一种运送方式，等等。然而，就在学员们为自己快速的想出了解决方法而“沾沾自喜”时，培训老师问了大家一个问题：“你们最多能够想出多少种方法？你们的思考是否有结构化？”一时间，学员们都陷入了沉思……

就算对于这么一个看似简单的问题，通常人们的思考方式都是“随机式”地仅凭借直觉和经验在脑海中找出一个或几个答案。然后，根据“锚定效应”，人们就会被这几个答案限定了思路而无法想出更多有创意的解决方案。而结构化思维，就是帮助人们按照一定的逻辑进行思考，从而让复杂问题变简单，继而变成逻辑清晰的思考力框架。如前面提到的运送货物的例子，整个问题可以按照解决问题的聚焦点分为：在“车”上想办法、在“货物”上想办法、在“路线”上想办法、在“运输工具”上想办法；而在“车”上想办法，又可以分为“换车”和“不换车”两大类，而“换车”又可以继续细分为“换高度更低的车”和“换高度相同但是容量更大的车”等，以此类推。可以看到，当使用了“结构化思维”之后，整个思维过程更加清晰了，也更容易想出更多的方法。

对于技术团队的成员来说，由于长期接受的理工科思维的培养，往往会认为自己的思维是非常有逻辑和结构化的，因而常常会忽略对思考力的培养和锻炼。然而，正如诺贝尔经济学奖获得者丹尼尔 · 卡尼曼（Daniel Kahneman）在其著名的《思考，快与慢》一书中所揭示的，再理性的人也会受到大脑局限性的影响而做出非理性的决定，甚至是在我们丝毫没有察觉的过程中。非常典型的例子就是“锚定效应”，在我们上面讲到的运送货物的例子中这一点也得到了体现。如果一开始想到的方法是在“车”上做文章的，那么非常大的可能性人们不会再将思维扩展到其他的方面（例如“路线”和“货物”）。而在“规划与实施”过程中，无论是对风险的识别、风险规避方案的制定，还是对计划分解的完备性，都是计划成功的重要因素，而如果团队在进行这些活动时缺乏有力的思考力工具辅助的话，那么出现被丹尼尔 · 卡尼曼称为的“大脑局限性”影响的概率将是非常大，从而对团队整体的效能也会产生很大影响。因此，在本章中，我们将介绍如何利用“结构化思维”的工具，使得团队的规划更加优化。

真实案例

在《思考，快与慢》中，丹尼尔·卡尼曼描述了“锚定效应”这种重要的心理现象。所谓“锚定效应”，就是指当人们需要对某个事件进行评估和判断时，会将某些特定的信息作为起始值，而起始值会像锚一样“牢牢”地制约着人们所做的评估和判断。换句话说，人们在做决定时，会不自觉地给予最初获得的信息或者想法过多的重视。

丹尼尔 · 卡尼曼在书中列举了一个非常有趣的实验：卡尼曼和已故的阿莫斯 · 特韦尔斯基。邀请了一组参加者估计非洲国家在联合国成员国中占的比例。估计前，他们需要转动一个软盘，轮盘上的数字从 0 到 100，实验中，在参与者不知道的情况下对轮盘进行了调整，使它不是停在 10 就是停在 65。尽管这看起来与接着要回答的非洲国家在联合国中的比例问题毫无关系，但是对参加者答案的影响是明显的。实验的结果表明：轮盘转到 10 的人估计的数字平均为 25%，而轮盘转到 65 的人估计的数字是 45%。他们似乎从轮盘的旋转中得到了某种暗示。而这正是“锚定效应”的体现：轮盘的数字，看似和问题无关，但是其作为起始信息，为人们接下来的判断提供了重要的输入，并且也非常大地影响了人们的判断。

14.1 问题描述

作为技术团队的管理者，如果你的团队在规划与实施阶段中，也面临下列的问题和挑战，那么本章接下来介绍的“结构化思维”的工具一定能够给你和团队带来帮助。

“规划与实施”挑战 1：规划过程中长期固定使用一种思维模式，从而造成计划的质量和完备性欠佳。

西方有一句谚语：“对于一个手中只有榔头的人，他所看到的都是钉子”。类似的情况也会出现在技术团队当中。因为长期所接受的理工科思维训练，使得技术团队的成员形成了固有的线性思维模式。在制定规划过程中，这种思维模式的特点是：

第一，确定希望解决的问题→依据经验找到一个解决方案→对解决方案进行深入分析。这种思维模式看似符合逻辑，但是其背后却隐藏着许多问题。最主要的问题在于，因为有了这种看似“逻辑”和“高效”的思维模式，团队成员会因此降低在思考力上的提升，从而“固步自封”，长期只会使用这一个思维模式解决问题，甚至当面临的问题已经发生了变化。

第二，在这种较多依靠经验和直觉的思维模式中，“锚定效应”的发生会使得计划缺乏多样性的考虑。因为面对需要解决的问题，第一时间出现在脑海中的思路会在潜意识中非常大地影响之后的思考。其次，如果团队形成了一种单一思维的主导型思维模式，那么对鼓励创新将造成很大的阻碍——因为所有和主导型思维模式不相同的思维方式都将被视为“异类”而受到排挤。一个缺少了多样性思维的团队，其计划的质量和全面性都会受到很大的影响。

“规划与实施”挑战 2：规划过程中对风险和异常情况考虑较少，从而造成异常情况出现时应对不足等问题。

除了长期使用一种固定的思维模式会影响团队计划的质量之外，另一个非常值得一提的挑战是：技术团队受长期的线性思维模式的影响，在战略规划中往往考虑的都是正常的场景和情况，而有意无意地“忽略”实际上经常会引发的风险和异常。

也就是说，缺乏风险识别和应对计划。以及对异常场景的考虑和应对的“缺席”。一个例子是，对于软件开发而言，好的代码不仅需要考虑正常的业务流程和场景，更重要的是需要考虑到异常的使用情况和数据，从而在软件设计和编码时加入很大比例的异常处理代码。从某种程度上说，没有考虑异常场景、没有异常情况处理的代码不是高质量的代码，甚至不应该被交付给客户使用。同样，缺少对风险的考虑和异常情况的处理的计划，也不是一份好的计划。

14.2 解决方案和实施步骤

结构化思维，是应对以上挑战的非常有力的工具。《学习的艺术》的作者维茨金曾八度获得全美象棋冠军，而且在其纵横棋坛 10 年之后，改行学了太极，并连续 21 次荣获全美太极冠军及世界冠军赛的“太极拳王”。在《学习的艺术》一书中，维茨金说到其不断在新的领域成功的秘诀就是：掌握了学习之道。而学习之道的关键，就是掌握一个事物的核心。“结构化思维”的核心可以用十六个字来概括：结论先行，分类清晰、逻辑清楚、上下对应。

原则 1：目标明确

规划和实施，是为了一个需要达到的目标。如果目标不明确，那么“规划”也就是无谓的浪费时间。因此，在进行规划之前，需要团队一起明确目标。明确目标的工具可以参考本书第四部分“目标制定”中的相关工具。

原则 2：分类清晰，层级化思考

“结构化思维”的一个重要应用就是针对不同类型的目标进行任务的分解和执行。同时，在每一个分类的维度上，都可以进行进一步细分。例如，表 10 中列出了常见的目标相对应的分类标准和层级化结构。

表 10 “结构化思维”分类思考

<table>
<tr><th>常见目标</th><th>分类标准</th><th>Ⅰ级思考结构</th><th>Ⅱ级思考结构</th></tr>
<tr><td rowspan="2">战略制定</td><td rowspan="2">内部-外部</td><td>外部环境分析</td><td>PEST 分析
• Political 政治
• Economy 经济
• Society 社会
• Technology 技术</td></tr>
<tr><td>内部环境分析</td><td>SWOT 分析：
• Strength 优势
• Weakness 劣势
• Opportunity 机会
• Threat 威胁</td></tr>
<tr><td rowspan="5">战略决策</td><td rowspan="5">4W1H</td><td>何时竞争？When</td><td>三阶段
• 近期
• 中期
• 远期</td></tr>
<tr><td>何处竞争？Where</td><td>TSP 分析
• Target market 目标市场
• Segment Customer 目标客户
• Positioning 定位</td></tr>
<tr><td>怎么竞争？How</td><td>价值链分析</td></tr>
<tr><td>和谁竞争？Who</td><td>普赖斯科特模型</td></tr>
<tr><td>竞争什么？What</td><td>目标市场定位
产品需求定位
产品测试定位
差异化价值定位
营销组织者定位</td></tr>
<tr><td rowspan="4">战略实施</td><td rowspan="4">企业战略 7 要素</td><td>组织架构</td><td>权利/责任/利益分析</td></tr>
<tr><td>业务流程</td><td>输入/输出/操作</td></tr>
<tr><td>人员</td><td>员工能力/意愿分析</td></tr>
<tr><td>技术</td><td>数据/应用/安全/基础设施</td></tr>
</table>

原则 3：上下对应

在利用选定了的分类原则和层级化递进分析工具，并进行了结构化的分解之后，我们会得到如图 21 所示的思考逻辑和框架。接下来需要利用“逆向思维”的原则验证是否各个节点的子计划实现之后，根节点的目标就能够达成。

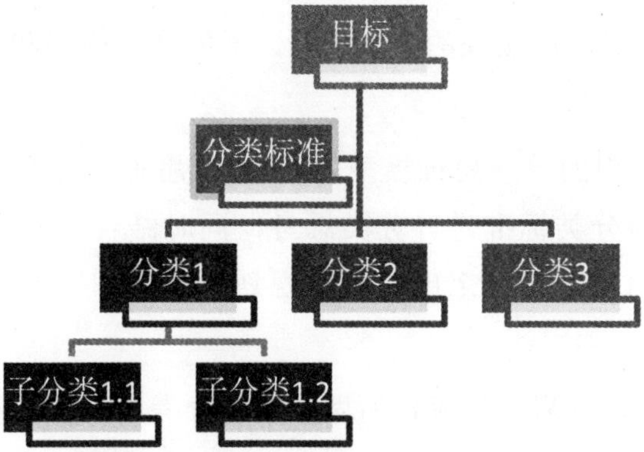

图 21　“结构化思维”与分类计划

团队可以利用下面这些问题进行验证：

所有分类中子节点的计划都完成了，目标是否达到了？如果没有，我们还有哪些差距？还有什么计划遗漏了？

如果说还有一个方面我们在分类中遗漏了，那会是什么呢？

我们是否对异常情况和风险进行了充分的考虑？如果说有一些风险和异常情况我们还没有考虑到，那会是什么？

假设所有的计划都实现了，并且目标也已经达到了，大家需要选出所有计划中对目标实现贡献最大的，那会是什么呢？

上面第一个问题促发团队进行逆向思考，检验利用结构化思维进行的计划分解是否是完备的；第二个和第三个问题激发团队利用发散思维检查是否有遗漏的项目；而最后一个问题，则引导团队对分解之后的计划的价值和优先级进行思考。只有在进行了“正向”—“逆向”两轮思考之后，才可以认为分解的计划是有较高质量的。

14.3 结果

在遵循上述三条结构化思维的原则进行战略规划之后，团队将有以下收获。

（1） 一套针对不同领域的目标选择、不同分类模型和分层工具的思维框架。

区别于之前使用的单一思维模型，“结构化思维”的方式推荐针对不同的目标，使用不同的分类标准进行分类思考，同时结合一些已被证明是有效的分层思考和分析的工具，制定出的战略规划能够更加完备，更好地支持目标的达成。

（2） 利用“逆向思考”确保所做计划充分考虑了风险和异常情况。

除了利用结构化的思维进行正向的分类和分层思考，本章推荐的步骤中还包含非常重要的利用“逆向思考”确保团队对可能存在的风险、可能发生的异常情况、分解之后计划的价值，以及任务优先级进行思考和讨论。

（3） 团队对计划的有效性信心提升，同时团队的分析能力也得到提升。

使用“结构化思维”制定出的战略规划，有效性得到提升，原因不仅在于这一思维方式针对不同的目标选择了不同的分类标准，更在于规划过程中有意识地纳入了可能存在的风险和异常情况。同时，在避免了使用同样的思维方式的工具之后，团队能够学习使用不同分类标准下的不同的分析工具，因此团队的分析能力也会得到提升。最终，团队的满意度和整体的效能都会得到提升。

14.4 模式应用案例

应用案例：使用 DFMEA（Design Failure Mode and Effects Analysis，设计失效模式及后果分析）进行风险规划

在软件设计和开发当中，常常存在的问题是，只考虑了正常的场景而忽略了异常的情况。

1999 年，美国航空航天局（NASA）发射的火星探测者号在发射之后失去联系。随后的调查发现，失败的原因是：在设计火星探测者号软件时，一个 NASA 开发小组错误地使用了英制单位，而不是预定的国际单位。这一个“小小的”错误，就造成了超过 3.27 亿美元的巨大损失。

2003 年北美大停电，超过 5500 万人受到影响。而事后调查的原因也非常简单：控制中心报警系统软件对“竞态”（Race Condition）处理不当，从而导致报警系统停止工作而错过了预警大停电的最好时机。

在这两个例子中可以看到，如果在软件开发的设计阶段忽略了对异常场景的规划和处理，看似微小的问题，有时都会带来巨大的损失。因此，如何能够用结构化的方式组织软件设计和开发中对异常情况的分析、规划和处理，便成为一个重要的课题。DFEMA（Design Failure Mode and Effects Analysis，设计失效模式及后果分析）就是充分利用本章所介绍的“结构化思维”的工具，在软件开发中结构化的分析和规划异常情况的实践。

DFEMA 源于产品设计和制造时的 FMA（Fault Mode Analysis，故障模式分析）和 FEA（Fault Effect Analysis，故障影响分析）的组合。DFEMA 对各种可能的风险和异常情况进行发掘、评价和分析，同时在现有技术的基础之上减轻或者消除这些风险。在软件开发中，我们可以将 DFEMA 进行简化，从而达到在投入时间和产出上的最佳。具体来说，我们推荐在软件设计和开发中将 DFEMA 简化为“P”和“F”两个阶段：即 P-diagram 分析和 Follow-up 后续跟进。

1. P-diagram 分析

按照“结构化思维”的分类思考和分层分析的原则，对于软件开发和设计这个目标，可以使用“正常场景/异常场景”这个分类标准。在正常场景分类中，可以利用著名的“4+1 视图”方式进行表 11 所示的二级思考和分析；而在异常场景分类中，就可以使用 DFEMA 工具进一步的分析和规划。

表 11

常见目标	分类标准	Ⅰ级思考结构	Ⅱ级思考结构
软件设计和开发	正常场景/异常场景	正常场景	4+1 视图 • 逻辑视图 • 过程视图 • 物理视图 • 开发视图 • 用户用例视图
		异常场景	DFEMA • 输入 • 噪声 • 控制因素

如图 22 所示，在 DFEMA 工具中，可以进一步对下列几个方面进行分析和规划：

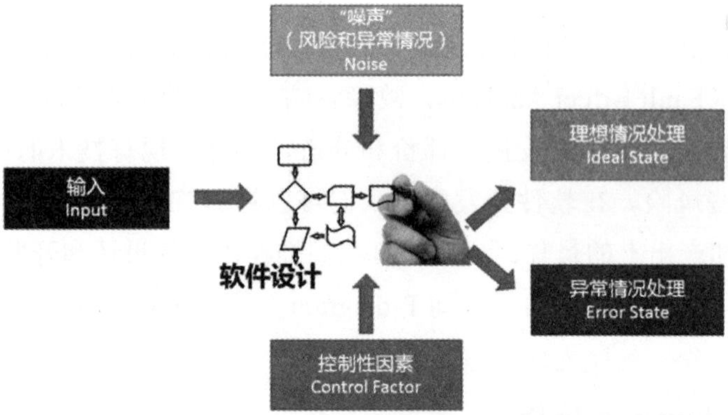

图 22 P-diagram

输入（Input）

在软件设计中，输入意味着使用什么样的平台（例如网页或者 iOS APP），以什么样的方式（例如加密或者非加密），输入什么样的数据。

噪声（Noise）

噪声实际上是对软件设计、开发和使用中可能会出现的风险和异常情况的隐喻。例如登录模块在使用中遇到的黑客攻击、iOS APP 在使用过程中遇到的网络连接中断，等等。

控制因素（Control Factor）

控制因素指的是可以控制和调整、从而对可能出现的风险和异常情况进行减轻或者规避的那些可控量。例如，软件的日志系统，超时重连机制，备份数据库连接，等等。

理想情况处理（Ideal State）

理想情况是在正常的场景下软件的期望行为和输出。也就是软件的规格说明书中描述的软件的正常行为。

异常情况处理（Error State）

异常情况处理是 DFEMA 的精华部分，指的是当出现了噪声之后，如何利用控制性因素对异常情况进行减轻或者规避。例如，软件登录模块在遇到黑客对密码的攻击时，可以利用“超过若干次错误的密码尝试锁住账户”这个“控制性因素”来对风险进行减轻和规避。

通常，软件设计和开发团队会按照“输入→噪声→控制性因素→正常情况处理→异常情况处理”的顺序进行讨论。

2. Follow-up 后续跟进

在 P-diagram 分析中，对于“异常情况处理”中的每一个条目，都必须指定专人负责对具体处理方法的规划和执行。在 P-diagram 讨论之后，还需要定期对讨论中制定的任务进行后续跟进，只有当所有“异常情况处理”中的条目都被处理完毕之后，一个完整的软件开发设计 DFEMA 才算正式结束。

第 15 章 “总结反思”的模式：KFC 总结法

也许你不曾想到，在《魔兽世界》这款游戏上，全世界所有的玩家在它上面总共花掉了 593 万年的时间！乍听起来似乎不太可能，但是实际上一点也不假。统计数据表明，每个《魔兽世界》玩家平均每周在这款游戏所营造的虚拟世界中花掉 17～22 个小时，这也使得《魔兽世界》的开发商暴雪公司（Activiation Blizzard）每天仅仅在这款游戏上的进账就是 500 万美元。针对《魔兽世界》及其他游戏的巨大成功，著名未来学家简 · 麦戈尼格尔（Jane McGonigal）进行了深入的研究，并在《游戏改变世界》一书中揭示了游戏是如何前所未有地占据和改变了我们的生活。简 · 麦戈尼格尔一针见血地指出：游戏化是互联网时代的重要趋势，最终的目标是提升人的幸福感，以及构建更美好的现实社会。更加有趣的是，简 · 麦戈尼格尔分析了游戏成功背后的运作机制，总结出了四条可复制的、可以改造现实的机制，分别是：“全情地当下投入”“实时反馈和激励”“和陌生人结盟，创造更强大的社群”，以及“让幸福成为一种习惯”。

近年来，在高绩效团队打造上也有一种新颖的尝试，那就是“游戏化”。将游戏的设计手段应用于非游戏的场景，例如工作，利用游戏的框架，来解决工作中遇到的挑战和问题。越来越多的公司开始使用游戏化的手段。正如简 · 麦戈尼格尔在《游戏改变世界》一书中总结的，游戏化本质上是一种思维方法，是聪明地利用游戏中那些让人全情投入其中的机制，让工作变得更加美好。而这些机制中，非常重要的两条就是：首先，游戏是有趣的，让人愉悦；其次，游戏提供了非常及时的反馈和激励。因此，在接下的这个部分，我们将看到，如何运用“游戏化”的思维，让团队制胜的第六步“总结反思”变得更有趣，能够为团队提供更有价值的、更及时的反馈和激励。

第 15 章和第 16 章将介绍“团队制胜六步工作法”中的“总结反思”模式：

- **KFC 总结法**
- **着眼未来，而不是过去**

《华为基本法》的起草人包政教授曾经分享过一个日本管理者布置工作的案例，在包教授的案例中，有一段管理者向员工布置任务时的对话如下。

管理者：我有一个任务要交给你，任务是这样的：……（**第一遍详细的任务说明**）

员工：好的，我知道了。

管理者：稍等，你能重复一遍这个任务吗？

员工：好的，您交给我的任务是这样的：……（**第二遍重复任务是什么**）

管理者：好的，那你有想过我为什么会布置这个任务吗？

员工：我理解，您布置这个任务的原因是：……（**第三遍谈论任务的目的**）

管理者：好的，那在这个任务的进行过程中，你觉得会出现什么意外情况？遇到什么情况你会向我汇报？遇到什么情况你能自己决定？

员工：我理解，在这个任务中，可能会遇到的意外情况有：……（**第四遍明确风险和汇报标准**）

管理者：好的，那如果这个任务让你自己做，你会有什么更好的建议和想法吗？

员工：如果这个任务让我自己做，我会……（**第五遍让员工发挥主观能动性**）

日本的管理学习的是西方的思想，在西方的管理思想中，核心是一系列的标准化的管理工具，通过使用这些标准化的工具，管理过程中的随意性就会被极大降低，从而保证结果的可控。

与日本管理者布置任务需要重复五遍相对比，中国的管理者常常希望一个眼神就能让员工明白自己的意思，或者常常挂在嘴边的话是“我不希望再说第二遍！”，这就类似中国传统文化中老子所谓的“道可道，非常道”。但是，正是由于对团队管理者和团队成员之间默契程度估计过高，中国式“道可道，非常道”的管理方式的结果往往并不如意，很多时候需要重新返工或者补救，实际上成本更高。同样，很多团队的回顾和反思活动也没有运用标准化的工具，而是使用类似“茶话会”或者“座谈会”的方式进行，虽然气氛可能不错，但是往往一场反思或者回顾会开完，并没有产生什么实质性的结论或者行动计划。因此，本章中 KFC 总结法，即保持—提升—停止总结法，就是一套标准化的反思和总结的工具，能够帮助团队高效和高质量地进行反思和回顾。

真实案例

在《好领导可以教出来》一书中，作者莎伦·达洛兹·帕克斯（Sharon Daloz Park）坚定地认为出色的领导力是可以被培养的，而不是与生俱来。那么，什么是最好而且有效的培养和传授领导力的方法呢？帕克斯在书中提出了一种称为“案例工具聚焦法（Case in Point）”的学习模式。与传统的专注分析成功领导者经验的领导力传授方式不同，这一模式更关注实际的场景案例，以及可复制的领导力工具。阅读《好领导可以教出来》一书，就是体验“工具学习—实际案例场景模拟—刻意练习—总结提升”的过程，这也是作者帕克斯对领导力领域长期研究后，发现的非常有效的传授和学习领导力的方式。

实际上，帕克斯在《好领导可以教出来》一书中所推荐的领导力的学习方式，与本书所采用的将有效的领导力行为总结为模式和招式（即可复制的工具）的方式有极大的相似度。同样，具体到本章的 KFC 总结法，即使是在“总结反思”这样一个看起来可以自由发挥的领导力领域，也可以总结和提炼出步骤明晰的领导力工具，而正确地使用这些可复制的领导力工具，也一定能够提升团队管理者的管理能力和效能。

15.1　问题描述

作为技术团队领导者，在带领团队进行“持续提升”的过程中，或许会遇到了下列挑战：

挑战 1：由于项目压力，团队经常取消回顾会

在采用敏捷开发模式的技术团队中，“回顾和总结”的会议一般会被称为回顾会（Retrospective）。对团队而言，交付给客户可以使用的软件是优先级第一的工作，当遇到项目进度的压力时，第一个可能被取消的“浪费时间”的活动就是回顾会，这样节省下来的时间可以用来更好地推动项目。

在和许多团队交流的过程中，回顾会的价值往往被很多团队忽略，实际上，回顾会恰恰可以说是一个希望达到持续提升的团队必不可少的一个环节，因为它能够为团队和业务都带来很多价值。

在《从回顾和总结中获益》一书中，作者路易斯（Luis Goncalvas）和本（Ben Linders）总结了“回顾和总结”能够给团队和业务带来的价值。

价值 1：从客户的角度

如果希望提升所创造的客户价值，必须寻找更好的点子，而“回顾和总结”就是产生这些好点子的最好机会。

爱因斯坦曾经说过：“疯狂就是重复做相同的事情却期待不同的结果”。因此，如果希望团队所做的工作能够提升给客户所创造的价值，而不是一成不变的话，那么就需要不断在“回顾和总结”中发现可能改进的机会。这也是戴明教授提出 PDCA（Plan-Do-Check-Act）环的核心思想。

价值 2：从团队持续提升的角度

一个高效的回顾会能够产生一系列团队一致认可的、具体可行的措施，推动积极的变化发生。

许多技术团队的问题最终都可以归结到沟通的问题，而沟通中信息的丢失和误解是降低沟通效率的主要问题。而一个团队成员都参与的回顾会，能够让团队成员在充分的讨论中，产生一系列大家一致认可、无须二次交接，并且团队愿意花费时间和精力去推动实施的具体可行的改进措施。这么做的效率，要比团队领导者自行推出改进计划，然后再和团队进行沟通并寻求认同，最终推动执行的方式高出许多。

价值 3：从团队成员的角度

好的回顾会充分授权和支持团队成员，共同发掘团队中能够持续提升的领域，并且关注学习和成长的机会（而非相互指责），因此能够更好地激励团队成员。

领导力的研究表明，给团队成员合适的授权和支持能够极大地提升团队成员的激励程度。同时，当“回顾和总结会议”的聚焦点从“问题”（例如，谁造成的问题）转变为“如何解决问题？”的时候，团队的氛围会相应地变为更加积极向上并能鼓励团队成员进步，而这样的团队氛围也会提升团队成员的激励程度。

因此，团队没有认识到回顾会的重要性，并且随意取消此类活动，是团队在持续提升道路上遇到的第一个挑战。

挑战 2：回顾会充满指责、相互抱怨的负面情绪

在回顾会中，经常会用来引发讨论的问题是：“在过去的一段时间里，我们什么地方做得好？什么地方做得不好？”在实践中，往往“什么地方做得不好？”这个问题一抛出，就会引发团队成员之间或者对其他团队成员的相互指责和抱怨。

“……这个迭代，×××任务没有能够完成，原因就在于×××团队没有能够完成他们承诺的开发！这种事情已经不是第一次发生了，实在是不明白他们为什么总是不能兑现承诺……”

“……我们又接到了一个客户现场的缺陷报告，调查之后发现原因是×××之前写的代码没有考虑到一个异常的场景，我们多次强调要使用‘六顶思考帽’进行需求分析，但是还是出现这样的问题……”

“……我对咱们团队×××的工作非常不满意，就是因为这个原因，导致了我们无法按时完成承诺的用户需求。我不知道为什么×××总是没法完成在规划会议上自己的承诺……”

相信你也对这些相互指责、相互抱怨并不陌生。正如本书“用有力的问题找到他人的顿悟时刻”一章中提到的，针对团队成员的问题，只有从“问题导向”转换到“解决方案导向”，才能真正凝聚团队力量，达到绩效提升的目标。因此，在回顾会中，充满负面的抱怨情绪和相互的指责，是团队管理者在带领团队持续提升中面临的第二项挑战。

挑战 3：回顾会气氛虽然热烈，但是缺乏实际可以执行的具体改进计划

与一个充满负面情绪的“回顾和总结”不同，另外一种看似“很美好”，但是仍然很糟糕的情况就是一个气氛热烈，但是言之无物的会议，会议结束了依然缺乏实际可执行的具体改进计划。这种“看上去很美”的回顾会，就是团队管理者在带领团队持续提升中面临的第三项挑战。

在《哈佛商业评论》刊载的《所有会议之后必做的两件事》一文中，作者保罗（Paul Axtell）提到，苹果公司的史蒂夫·乔布斯（Steve Jobs）为他的团队设立了一个清晰的必须遵守的原则——虽然这个原则听起来那么简单，但是实际上大多数的管理人员和领导者都完全没有照此行事：他所参加的每一个会议中，日程表上的每一项都必须有一个专门的负责人，并且这个负责人需要对行动计划，以及后续的跟进负责，乔布斯对这个专门的负责人有一个特定的称谓：直接负责人（DRI, Direct Responsibile Individual）。乔布斯深知社会心理学中“公开承诺”对促使人们完成自己的承诺的推动作用。

保罗在文章中还指出，如果希望会议不仅讨论时气氛热烈，还能够在会后产生真正的影响，实际上只需在会议期间和之后做以下两件事。

（1）会议纪要。

正如俗语中说的，“好记性不如烂笔头”。如果一次讨论中的关键点不能被简单易懂地记录下来，那么这些讨论和达成的共识都只会付之东流。会议和讨论纪要并不是负担，相反，它是保证会议成果能够得以落地的重要保障。

（2）必须有行动计划和后续负责人。

坚持不懈是一项重要的影响力技能，如果希望某件事发生或者影响某个人，你必须坚持不懈地去跟进，直到所期望的变化发生。保罗举了一个例子：一位大学校长曾经邀请保罗给一些教员和校友做领导力培训，因为这位校长早在两年前就召集这些教员和校友讨论筹建一所新的新闻传播学院。然而，在经过了两年“气氛良好”但是没有任何行动计划的讨论之后，建立新闻传播学院仍然还只是一个想法。因此，这位校长认为这些伙伴缺乏的是领导力。但是，实际上，缺位的是这位校长在这个过程中的跟进。如果这位校长能够在每次讨论之后进行跟进，确保讨论中达成的共识有相应的行动计划并且被落实，那么这个事情一定会是另一个版本。

很多管理者认为每个人都是自我驱动的，只要有了一个想法就会自己去积极推动其实施。然而，事实是每个人都会从不同的方面得到很多想法及需求，因而常常会在如何取舍中迷失。因此，作为一个有效的管理者，如果你希望某一个目标发生，你需要做的很重要一点，就是确定负责人，以及不断地跟进。

15.2 解决方案和实施步骤

要解决上面提到的团队“回顾和总结”中常见的三大挑战，简单地说，就是需要让“回顾和总结”变得有趣而有用。首先，“有趣”就是让这项团队活动变得像游戏一样吸引人，让团队成员主动愿意去参与，而不是被动被要求去参加；其次，“有用”就要让团队成员看到活动的实际成效，帮助团队达到持续提升的目的，并且让团队成员实际体会和感受到这些成效。本章下面要介绍的 KFC 工具，就为团队管理者提供一个效果很好而且易于上手的工具，帮助团队管理者把回顾会变得有趣和有用。

在 KFC 总结法中，包括“保持”“提升”和“停止”三个模块，可以给团队提供结构化的讨论工具。

1. 保持（Keep）模块

在这个模块，利用“有力的问题 Power Question”工具。回顾会的主持人的目标是让团队在愉悦的情绪中寻找“哪些事情是好的、有效的？”，并讨论如何能够保持这些有效的事情。这正是利用了“用有力的问题找到他人的顿悟时刻”一章中提到的“专注那些有效工作的事情”的技巧。当团队开始寻找那些有效的事情的时候，自然会产生正向和积极的情绪，从而让这项活动变得有趣。

在这个模块，可以使用的典型的“有力的问题”有以下这些。

在上一个迭代，我们取得的最棒的成就是什么？是什么因素让我们取得了这些成就？我们如何在今后保持这些因素？

在上一个迭代，有什么事情让你最开心？是发生了什么或者谁做了什么吗？怎么才能够让这些事情继续发生？

在上一个迭代，对于我们团队内部合作，以及和其他团队的合作，你觉得有什么是你希望今后继续保持的？如何让这些事情继续保持？

需要注意的是，对于每一项团队认可的需要保持的行为，都必须同时让团队讨论如何保持这些行为，以及必须指定一个负责人推动后续的落实和跟进，这样才能避免陷入“讨论很热烈，但是没有下文”的“尴尬”境地。

2. 提升（Fix）模块

在 Fix 提升模块，回顾会的主持人需要引导团队进入再深一层次的思考和讨论。基于在“保持”模块所营造的积极和正向的气氛，团队需要进一步在“什么是可以做得更好的？”这个领域进行探询。需要注意的是，在这个部分的讨论中，需要使用到的一个非常重要的工具就是“思维负转正”。也就是说，“什么是可以做得更好的？”这个问题就比“什么地方做得不好？”更好，因为虽然只是同一件事不同的表述方式，但是前者会带来正向的思维，而后者往往会引发负面的情绪。

在这个部分，可以使用的典型的“有力的问题”如下。

在上一个迭代，如果有一件事我们可以做得不一样，从而取得更好的效果，那会是什么？我们应该怎样做，以确保下一个迭代变得更完美？

基于上一个迭代的经验，如果下一个迭代我们能够改变一件事，从而让团队的开发速率得到提升，那会是什么？

想象一下，在下一个迭代，我们再进行回顾会的时候，如果团队的开发速率比这个迭代得到了提升，原因是因为我们对现有的流程或者工作方式进行了一些改进，那会是什么改进呢？

充分利用“思维负转正”工具和一些面向未来的问题，就能“神奇”地让原本看起来有些负面的讨论变得正向、面向未来和充满希望。

3. 停止（Cease）模块

在讨论了“什么应该保持？”及“什么可以做得更好？”之后，另外一个重要的讨论就是“什么应该停止”。与“提升模块”中所用到的工具一样，引导团队进行“什么应该停止”的讨论也需要“思维负转正”的工具。例如，在这个模块中，可以使用的典型的“有力的问题”如下。

“如果在下一个迭代，我们可以停止一件在这个迭代我们做的事，从而让我们有时间做更有价值的工作，那会是什么事情呢？”

“如果在下一个迭代，我们可以做一件不同的事情从而提升我们团队的开发速率，那会是什么事情？如果同时需要停止一件我们现在在做的事情从而腾出时间，那会是什么事呢？”

在这两个“有力的问题”示例中，都可以看到对“思维负转正”工具的应用。与其问团队“什么事情可以停止？”，更棒的提问的角度应该是：“如果有一件新的事我们可以做，从而提升效率，那会是什么？如果我们需要停止现在的一些工作从而赢得时间，那应该停下什么？”这么提问的好处在于，虽然团队是在探询哪些低效的工作可以停下来，但是探询的角度却是我们应该用什么更高效的事情来替换？这样一来，团队的讨论被引至寻找更好的流程或者工作方式来替代现有的流程或者工作方式，从而让讨论更加有趣和有价值。

当工具箱中有了“保持（Keep）”，“提升（Fix）”和“停止（Cease）”这个回顾会的讨论工具之后，实践中的具体实施步骤通常也可以按照这个顺序进行。但要注意的一点是：会议的主持人可以根据团队当前的状态灵活调整每个部分花费的时间。例如，当团队进展顺利，一路“高歌猛进”的时候，可以多讨论“提升”（“什么可以做得更好？”）及“停止”（“什么可以换种方式”）部分，从而让团队在顺境时仍然不忘持续提升；而如果团队遇到一些暂时的困难，情绪或者士气低落时，则可以多花点时间讨论“保持”（“什么地方做得好？”），从而达到鼓舞士气的目的。因此，有人说回顾会其实是团队最好的士气“调节阀”：士气太过高涨时，可以适当“放放气”戒骄戒躁；士气低落时，则可以适当“打打气”激励干劲。

15.3　结果

在使用了 KFC 工具之后，让我们来看看是否能帮助解决前文提到的团队“回顾和总结”活动中遇到以下三大挑战。

挑战 1：由于项目压力，团队经常取消回顾会

在所有“保持（Keep）”“提升（Fix）”和“停止（Cease）”三个模块的讨论中，贯穿其中的一条主线就是关注效用。例如，在“保持（Keep）”中，典型的有力问题关注的是所取得的成就、让团队成员开心的事，以及如何让这些有用的事情继续发生；而在“提升（Fix）”中，典型的有力问题关注的是如何做得更好，如何提升团队的开发速率。因此，这些讨论所产生的行动计划都会实实在在让团队成员看到对团队整体，以及团队成员个人的效果，从而达到让回顾会“有用”的目的。当团队成员意识到“回顾和总结”活动是有用的之后，自然就不会轻易取消这些会议了。

挑战 2：回顾会充满相互指责、相互抱怨的负面情绪

在 KFC 工具的三个模块中，“保持（Keep）”本身就是积极和正向的讨论，而在“提升（Fix）”和“停止（Cease）”两个模块的讨论中，“思维负转正”始终是贯穿其中的思维模式。这么做的目的就是引导回顾会的聚焦从人转到事，从负面的问题转到正面的解决方案，从纠结于过去转到放眼未来，从而大大减少相互指责、相互抱怨的发生。

挑战 3：回顾会气氛虽然热烈，但是却缺乏实际可以执行的具体改进行动计划

正如乔布斯所要求的，会议中每一个任务都必须有一个明确的行动计划，以及“专门负责人”，目的就是避免热烈的讨论之后却没有任何后续的行动。而这一原则也贯穿在“保持（Keep）”“提升（Fix）”和“停止（Cease）”三个模块的讨论之中。所有的讨论，都必须明确“是什么”（例如：什么因素让我们取得了这些成就？），“怎么做”（例如，我们如何能继续保持），以及“谁来跟进”（例如，每个行动计划都必须有专门负责人）。这么做，就能确保回顾会不光有热烈的讨论，还有具体的行动计划和后续的跟进，从而达到让“回顾和总结”有用的目的。

因此，在使用了 KFC 工具之后，团队成员能够感受到回顾会变得有趣了，也有用了。

15.4 模式应用案例

应用案例：利用 KFC 工具进行“向上反馈”

在打造高效能团队的过程中，通过获得反馈从而持续提升是非常重要的一个环节。通常团队管理者都会通过“绩效评估”环节或者在日常工作中给团队成员提供反馈，但是团队成员对团队管理者的反馈（即“向上反馈”）却常常被忽略。

实际上，“向上反馈”是团队领导者及时获得团队成员反馈，从而调整领导力模式和管理风格的重要机会。然而，如果没有精心的设计“向上反馈”的流程，这个活动往往会变得要么流于形式，要么会适得其反让团队成员感到反感。在诺基亚，经理们都会使用本章介绍的 KFC 工具和团队一起进行“向上反馈”。实践证明，这是一套非常有效并且能够获得团队真实反馈的流程。

应用 KFC 工具的“向上反馈”流程如下。

主持人：人力资源经理。

参与人：希望获得反馈的经理及其直线团队。

具体流程如下。

（1）开场（5 分钟）：由主持人介绍此次“向上反馈”的目的，流程安排，以及使用的 KFC 工具。

（2）反馈环节（20 分钟）：在反馈环节，主持人会邀请希望获得反馈的直线经理到另外一个单独的会议室，并且通过回答下面的问题进行自我评估。

管理者自我评估问题 1（“保持（Keep）”问题）：在过去的一段时间，在团队管理方面，什么地方我自己觉得提升了团队绩效或者帮助了团队成员的个人成长。

管理者自我评估问题 2（“提升（Fix）”问题）：在过去的一段时间，在团队管理方面，什么地方我自己觉得可以做得更好或者使用一些不同的方式或者方法，从而更有效地帮助团队提升绩效。

管理者自我评估问题 3（“停止（Cease）”问题）：放眼接下来的一个季度，在团队管理方面，站在你的团队成员的角度，如果有一件事需要换一种全新的方式，那会是什么事？

与此同时，在主持人的带领下，团队成员则会在另外一个会议室中，匿名的回答下面的问题：

团队成员“向上反馈”问题 1（“保持（Keep）”问题）：在过去的一段时间里，对于你的直线经理，你觉得什么地方他的管理是非常有效的，帮助提升了团队的绩效或者帮助了你的个人成长？

团队成员“向上反馈”问题 2（“提升（Fix）”问题）：在过去的一段时间里，对于你的直线经理，你觉得有什么地方他可以做出一些改变，从而更好地帮助团队提升绩效或者帮助你的个人成长？

团队成员“向上反馈”问题 3（“停止（Cease）”问题）：设想一下，如果到下一季度结束时，如果你希望看到你的经理在某件事上采取一些不同于当前的管理方式或者方法，从而更好地帮助团队提升绩效或者帮助你的个人成长，你希望是什么事情？

（3） 汇总（5 分钟）：主持人会将管理者的自我评估和团队成员的“向上反馈”进行汇总，并将其中相同的部分和不同的部分标识出来，供下一步讨论使用。

（4） 讨论（20 分钟）：主持人邀请管理者和团队回到同一个会议室，并将汇总之后的自我评估和团队“向上反馈”进行展示。然后引导团队一起讨论下列问题：

讨论问题 1：（对管理者），当你看到团队的“向上反馈”，对比你的自我评估，你有什么想法和反思？

讨论问题 2：（对管理者），基于这些结果，你觉得接下来如果有三件事需要你立即去做（可以是“保持”，可以是“提升”，也可以是“停止”），会是什么？

讨论问题 3：（对团队成员），基于团队的反馈结果和管理者的自我评估，你们有什么想法和反思？

讨论问题 4：（对团队成员），基于管理者的自我评估，如果其中有团队“向上反馈”中没有提到的地方，哪些是你们认同的，也是你们希望看到改变的地方？

讨论问题 5：（对所有人），基于目前讨论的接下来的行动计划，大家是否感到满意？是否对这些行动计划能够帮助团队提升绩效有信心？

（5） 总结（5 分钟）：主持人邀请所有人回顾此次所讨论的行动计划，并且保证每一个行动计划都按照 GOAT 来确定细节。GOAT 指目标 Goal、负责人 Owner、行动计划 Action、时间安排 Timeline。

在使用了上述 KFC 方式进行“向上反馈”之后，原本显得“很尴尬”和“沉闷”的反馈会议，将变得能够让团队成员畅所欲言，也会让管理者获得真正的提升领导力的反馈，从而更好地带领团队迈向高绩效。

第 16 章 “总结反思”的模式：着眼未来，而非过去

教育家陶行知曾讲过一个“四颗糖”的故事。当年陶行知先生在做校长的时候，有一天，在校园中看到一名男生想用砖头砸另一位同学，陶行知见到之后立即制止并要求这位男生到自己的办公室一趟。在对情况进行了了解之后，陶行知回到办公室，发现那位男生正在乖乖等他，等待着一场来自校长的批评。但是，陶行知却掏出一颗糖给他，并对他说：“这颗糖奖励给你，因为你非常准时地到了我的办公室”；然后，陶行知校长又掏出一颗糖给了这个男生：“这颗糖也是奖励你的，因为我刚才让你住手，你就立刻住手，说明你很尊重我。”到这个时候，刚才那位打人的男生已经完全懵了，因为预想中校长一定会狠狠地批评自己一顿。但是，出乎意料的是，陶行知校长又拿出了第三颗糖：“这颗糖也是奖励你的，因为刚才我了解到了，你打人是因为他欺负女学生，你路见不平拔刀相助，说明你有正义感。”此时，那位男生已经泣不成声了：“校长，我错了，因为不管怎么说，我都不应该打人”，“那么如果下次遇到同样的事情，你会怎么处理呢？”陶行知问那位男生。“我下次一定会用更加文明的方式去讲道理处理类似的问题，毕竟大家都是同学。”此时，陶行知校长拿出第四颗糖：“我的糖分完了，我们的谈话也结束了。”

在采用敏捷开发模式的技术团队中，“回顾和总结”的会议一般会被称为回顾会（Retrospective）。正如这个名字所传达的信息一样，“回顾会”通常来说都是关注过去。但是，就正如四颗糖的故事中所看到的一样，关注未来的问题，往往比关注过去的问题更加有力。这其中的原因可以从心理学的研究中找到答案。在英国著名心理学家迈克尔 · 福克斯（Michael J. Fox）一篇题为《回到未来：对未来的畅想对人心理效应的研究》（*Back to the future: the effect of daily practice of mental time travel into the future on happiness and anxiety*）的报告中，作者阐释了当人在设想未来时会对心理和情绪所产生的影响。在迈克尔的研究中，对未来的畅想（Mental Time Travel，MTT）被分为两类：积极的想象和消极的想象。实证研究表明，只需要持续两周做积极的想象，人的幸福感就会得到显著提升。因此，在敏捷领域，越来越多的敏捷实践者开始寻找更好的总结方式，面向未来的展望（Futurespective）也越来越成为热门的话题。

在本章中，我们将介绍几个实用和有趣的面向未来的展望工具。相信有了这些新工具，将使敏捷团队的“回顾和反思”变得更加有趣和有用！

真实案例

在迈克尔 · 福克斯的《回到未来：对未来的畅想对人心理效应的研究》文章中提到，106 位大学教职员工参与了一项旨在研究未来的畅想对人心理影响的实验。106 为参与者被随机的安排在两周时间内，每天在指定的地点和时间，就指定的内容进行积极的想象、消极的想象和中性的想象。例如：

积极的想象：在经过了一次成功的面试之后，我新应聘的公司老板给我打来电话，告诉我被录用的好消息。

消极的想象：明天我得去参加好朋友的婚礼做伴娘，但是我的吹风机却在关键时候坏了，我的头发一团糟，这实在是今年最糟糕的事。

中性的想象：明早八点半，我会和平时一样，按时起床和洗漱。

实验中，所有被试者的幸福程度都会由“客观幸福指数（Subjective Happiness Scale，SHS）”来衡量。实验结果表明：那些在两周时间内进行了连续的“积极的想象”的参与者的幸福指数显著高于那些进行了消极的想象的参与者。实际上，这个研究发现也被广泛用于当前流行的“教练技术（coaching）”当中。例如，在教练对话中，一个非常重要的原则和技巧就是“思维负转正”：同样一个问题，教练总是需要使用正面和积极的问题对被教练者进行引导。

当教练希望问被教练对象如何改进当前状况时，一个常使用到的问题是：“设想一下，如果现在是三个月之后，你此刻的焦虑都已经消失了，你回头一看，你觉得你在这三个月中做了什么，从而达到这样的好结果？”这个问题看似和通常的问法“面对现在这些困扰你的问题，你觉得接下来三个月你如何去解决？”效果相同。实际上，前者是一个典型的“积极畅想”问题，而后者是一个“消极的想象”问题；前者关心的是“如果问题已经消失了，那是做了什么？”，而后者聚焦的是“面对这么多棘手的问题，能做什么？”虽然只是一个微小的差别，但是实际运用中却会带来非常明显的差异：在“积极的想象”中，设想问题已经解决了，再去寻找如何解决的途径就会轻松许多，就好似从山顶往下一览众山小一般；而在“消极的想象”中，面对那么多棘手的问题，要去抽丝剥茧找到解决办法，思维的负担就会很重，就好似负重爬山一般。

16.1 问题描述

一位技术团队的领导者，在带领团队进行持续提升的过程中，遇到了如下的挑战。

挑战 1：团队成员认为以回顾会为代表的持续提升活动都是很无趣的，从而不愿意全情投入

在大多数团队，回顾会讨论会议总是拥有一成不变的议程，再加上较高的召开频度（例如对敏捷团队而言，每个迭代都会进行一次），团队成员的确会在一段时间之后产生“审美疲劳”，特别是在当下“90 后”在团队中所占的比例越来越高，如果不能充分利用“游戏化”的方式和方法，让工作变得有趣，那么期待员工全情投入只能是“一厢情愿”。

挑战 2：团队成员认为以回顾会讨论会议为代表的持续提升活动就是充满“负能量”的“找问题大赛”

在团队的回顾会讨论中，非常有意思的一个现象是，似乎每一次讨论都会听到这个问题：“在过去的一段时间，我们有什么地方做得不好，今后需要改正和提高的？”当这个典型的“消极的想象”一出场，其实就预示着这次讨论在参与者的心理上“笼罩”上了负能量。我们很难期望在负能量的氛围中，团队能够进行高效的、富有建设性的讨论。这也难怪团队成员会对回顾会讨论产生抵触情绪，认为这个讨论就是充满负能量的“找问题大会”。因此，如何通过改变方式和方法，让回顾会讨论会议为代表的持续提升活动在团队成员心目中完成“负转正”，使团队成员由不想参与或者被动参与，转变为积极主动希望参与。就是团队领导者面临的第二个挑战。

16.2　解决方案和实施步骤

如果你也遇到上述类似的挑战，那么下面的几个面向未来的展望工具，应该是你可以考虑使用的。

什么是面向未来的展望（Futurespective）？

在本·林登（Ben Linders）的《展望如何帮助团队达到其目标》（*How retrospectives help team achieve their goals?*）”一文中，对回顾（Retrospective）和展望（Futurespective）进行了对比。对于大多数敏捷开发团队而言，都是在一个迭代的结束进行回顾，这样的讨论就被称为回顾会，从这个组合词的词根Retro（回顾，回头）就可以看出，回顾（Retrospective）的关键点在于回顾过去。而如果团队在产品迭代之初或者组建初期对团队的目标和行动计划进行讨论，这个活动就称为展望（Futurespective），正如 Futurespective 这个组合词的词根 Future（未来）所表达的，这个活动的关键点在于面向未来进行畅想、规划和讨论，确定目标，以及探索如何达到目标。

如何进行面向未来的讨论？

通常来说，团队将其置身于未来的某个时间，并想象团队既定的目标已经实现。然后团队成员就下面几个问题展开讨论。

团队共同的目标是什么？

团队可以使用一些常用的“发散—收敛”工具对团队目标进行讨论。例如，常用的发散工具有“头脑风暴”、鱼骨图等，常用的收敛工具包括：民主式点投票、协商一致达成共识等。更为重要的是，团队需要把达成一致的团队目标写下来，就如本书“用广而告之的方式展示团队愿景”一章中所提到的，让团队把目标写下来并且用广而告之的方式进行展示，这样能够更好地促进团队成员全情投入实现目标。

团队共同目标实现之后，对团队和个人的价值的提升是什么？能够学到什么？

最好的团队是那些能够让团队成员成长的团队，并且个人的成长应该和团队目标的实现紧密结合。让团队就实现目标之后的价值，以及个人的成长进行讨论，能够更好帮助团队理解团队目标，以及与自身的联系。理解了这些，团队成员就能更好地投入到目标的实现中去。再进一步，如果团队能够在实现目标之后举行一个小小的庆祝仪式，那就能更好地帮助团队成员加强团队目标与自身的连接。

如何实现团队共同的目标？

在讨论了什么是团队共同目标，以及对团队和个人的价值提升之后，接下来，团队就可以就如何实现共同的目标进行探索，下面本章会介绍一系列有趣的工具。

面向未来的工具 1：热气球之旅

热气球之旅是一个非常有趣的、利用“热气球”进行隐喻的面向未来的活动。引导团队进行这个活动，可以参考下列步骤。

适合团队人数：6～10 人

活动时间：1 小时

所需材料：白板纸、白板笔、便利贴

活动步骤如下。

（1） 在白板纸上画出如图 23 所示的热气球，以及太阳和雷暴的标志。

图 23 Futurespective -热气球之旅

（2） 邀请团队成员在热气球的顶端写上团队在近期希望达成的目标。这也是一个让团队成员就目标进行讨论和达成一致的非常有效的过程。

（3） 针对团队希望达成的目标，邀请团队就下面两个问题进行第一轮讨论。

“向前看”问题 1：要达到我们既定的目标，未来会有哪些能够帮助我们的因素——也就是热气球上升的火焰和热气流？

“向前看”问题 2：为了让热气球上升得更快，哪些负重我们应该扔掉，或者换句话说，我们应该做哪些改变或者停止哪些低效的工作？

主持人邀请每位团队成员将自己的答案写到便利贴上，同时将问题 1 的答

案贴到热气球的球身部分（意味着火焰和热气流），而将问题 2 的答案贴到热气球的筐子下方（意味着应该扔掉的负重）。

（4） 主持人邀请团队成员一一进行发言，同时邀请团队对贴在热气球上的便利贴进行归纳分组。

（5） 针对团队希望达成的目标，邀请团队成员就下面两个问题进行第二轮讨论。

“向前看”问题 3：在我们乘坐热气球上升实现目标的过程中，有什么“雷暴”？有什么风险？

“向前看”问题 4：在我们乘坐热气球上升实现目标的过程中，我们能做什么把不利的“雷暴”转变为“风和日丽”的好天气？

同样，主持人邀请每位团队成员将自己的答案写到便利贴上，同时将问题 3 的答案贴到“雷暴”下方，而把问题 4 的答案贴到“太阳”下方。

（6） 在进行了上述两轮讨论之后，主持人此时可以邀请团队对所有讨论结果进行归纳和总结，并在每个部分只留下最重要的三条：什么是推动团队达成目标的“火焰”？什么是团队需要抛弃的“负重”？达成目标的路上有什么“雷暴”（风险）？怎么做才可以把不利的“雷暴”转化为有力的“上升气流”？

（7） 最后，主持人邀请团队领导为每一个计划的行动确定负责人。

面向未来的工具 2：英雄之路

“英雄之路”是一个非常游戏化的面向未来的活动，特别适用于“90 后”比较多的年轻团队使用。引导团队进行这个活动，可以参考下列步骤。

适合团队人数：6～10 人

活动时间：1 小时

所需材料：白板纸、白板笔、便利贴

活动步骤如下。

（1） 主持人用“游戏化”的方式向团队解释活动的目的：“本次讨论，其实是我们大家:共同来完成一个英雄的冒险旅程，最终目标是找到一大笔宝藏。

大家一定很好奇这个英雄的旅程是怎样的吧？那就随我一起来……”

（2） 主持人介绍“游戏”中的四个角色/场景。

英雄：这里隐喻参加讨论的团队。

向导：引导英雄找到最后的宝藏的人或者事情。

陷阱：英雄在寻找宝藏过程中的挑战。

宝藏：隐喻团队共同需要达成的目标、取得的成就。

（3） 主持人邀请团队成员首先就“宝藏”进行讨论：

讨论问题 1：什么是团队希望在接下来的一段时间达到的目标或者希望取得的成就？

讨论的结果邀请团队写到便利贴上，然后贴到图 24 中“宝藏”一栏。

（4） 接下来主持人邀请团队成员就“英雄”进行讨论：

讨论问题 2：如果我们团队作为一个整体，就好像这个英雄，我们有哪些强大的技能（能力）？我们有哪些共同的文化和价值观？

讨论的结果邀请团队写到便利贴上然后贴到图 24 中“英雄”一栏。

（5） 紧接着，主持人邀请团队成员就“向导”进行如下讨论。

讨论问题 3：如果我们作为英雄希望找到宝藏，我们需要哪些人给我们一些指导？我们希望哪些事发生从而能够让我们更好地接近目标？

讨论的结果邀请团队写到便利贴上，然后贴到图 24 中“向导”一栏。

（6） 接下来，主持人邀请团队成员就“陷阱”进行讨论：

讨论问题 4：在我们寻找宝藏的途中，会遇到哪些挑战？会遇到哪些风险呢？我们能做什么去规避这些风险？我们应该做什么去迎接这些挑战？

讨论的结果邀请团队写到便利贴上然后贴到图 24 中“陷阱”一栏。

（7） 最后，主持人邀请团队领导对整个“英雄之旅”的故事进行总结。至此，团队已经通过游戏化的方式对希望达成的目标进行了“英雄之旅”的分析。为了保证讨论的结果能够被落实，主持人邀请团队领导为每一个行动计划确定负责人。

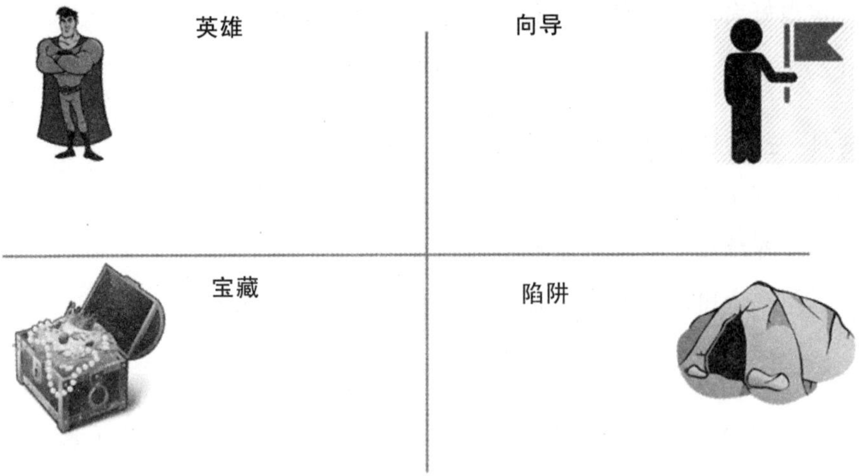

图 24 Futurespective -英雄之旅

面向未来的工具 3：写给未来的信

“写给未来的信”是一个非常适合在开启一个新的项目或者岁末年初这样的时间节点使用的面向未来的工具。引导团队进行这个活动，可以参考下列使用步骤。

适合团队人数：6～10 人

活动时间：30～60 分钟

所需材料：A4 纸、笔

活动步骤：

（1） 主持人邀请团队一起讨论并选择未来的一个时间节点（例如，2018 年年末），一个场景（例如，团队的一年期转型项目完成之时），以及收信人（可以是团队中任何一个人，包括自己）作为写信的基本背景信息。

（2） 在确定了未来的时间点和场景之后，主持人邀请每一位参与的团队成员设想在未来的某个时刻给选定的收信人写一封信（如图 25），信件中可以包含任何内容，例如：

庆祝自己和团队完成了某一项有挑战的任务或者取得了某一个重要的成就；

描述自己和团队在这个过程中经历了什么，做了什么，克服了什么困难等；

总结成功的经验，反思如果重新来一次，会做什么不同的事情，从而让结果更好。

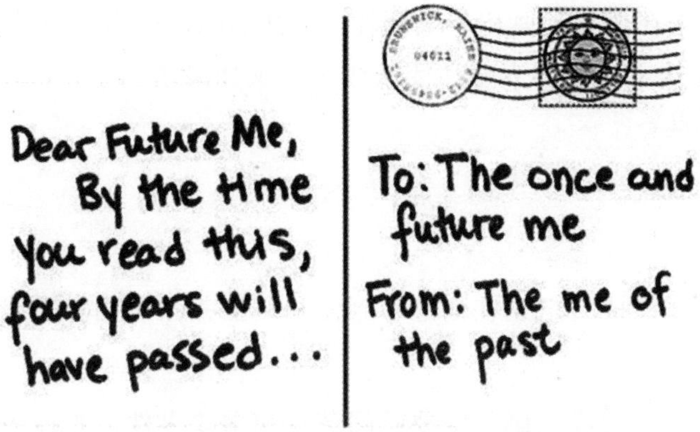

图 25 Futurespective -写给未来的信

（3） 主持人邀请每一位团队成员大声将自己写给未来的信读出来，然后团队一起进行讨论。

（4） 在团队进行了讨论之后，主持人邀请团队对刚才的讨论进行一些总结。

总结问题 1：我们讨论了那么多“写给未来的信”，如果有三件事我们希望去做，从而让我们的梦想成真，那会是什么？

（5） 最后，主持人邀请团队领导为每一个行动计划确定负责人。

面向未来的工具 4：朝向目标之旅

“朝向目标之旅”同样是一个利用“游戏化”的方式让整个团队一起明确目标，共同朝着目标行动。引导团队进行这个活动，可以参考下列步骤。

适合团队人数：6～10 人

活动时间：1 小时

所需材料：白板、白板笔、便利贴

活动步骤：

（1）主持人首先在白板上写下“目标 Nirvana”（Nirvana 在英文中是天堂、终极目标的意思），然后邀请团队成员一起来描述希望达到的目标是什么，并用一段简洁的文字描绘出来写在“目标 Nirvana”的附近。

（2） 主持人在白板上画出一条通往“目标 Nirvana”的时间线，并在最左边标明“现在”。接下来主持人邀请团队成员想象如果达到了目标，从现在到达到目标期间有哪些：

重要的时间节点；

重要的事件。

主持人邀请团队成员把这些信息写到便利贴上并张贴到时间线的相应位置（如图 26）。

（3） 基于团队已经明确的重要时间节点和重要事件，主持人邀请团队成员进行讨论：

团队能够做什么，从而确保重要事件能够发生，重要节点能够按时达到？

将团队讨论的结果写在便利贴上，然后张贴到相应的事件和时间点附近。

（4）最后，主持人邀请团队成员就讨论结果进行总结，并为每一个行动计划确定负责人。

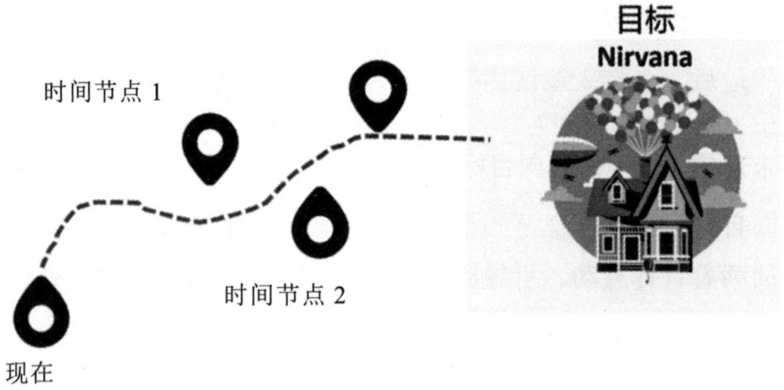

图 26 Futurespective - 朝向目标之旅

16.3 结果

读到这里，你也许会惊喜地说：“哇，原来敏捷团队的 retrospective 还可以这么做啊！”在应用了这些充满游戏化理念的、面向未来的 Futurespective，我们之前提到的“回顾和总结”活动中的挑战都能得到很大程度上的解决。

挑战 1：团队成员认为以回顾会为代表的持续提升活动都是很无趣的，从而不愿意全情投入

上面四个面向未来的 Futurespective 都有一个共同的特点，那就是“游戏化”。无论是“英雄之路”中让团队扮演英雄的“打怪升级”，还是“写给未来的信”中让团队利用“时空门”穿梭，都是“游戏化”的应用。

当团队感受到“回顾和总结”还能像玩游戏一样有趣，有代入感，自然就不会再对其有所排斥。相反，当“回顾和总结”活动成为游戏一样有趣时，团队会更加全情投入，因此持续提升的效果也会显现；而在看到了持续提升实实在在的效果之后，团队也会更加投入其中，这就形成了一个正向循环。

挑战 2：团队成员认为以回顾会讨论会议为代表的持续提升活动就是充满“负能量”的“找问题大赛”

在上面精选的四个面向未来的活动中，无一例外都体现了“思维负转正”的应用。与传统的回顾会议“向后看”不同，展望未来的特点就是“面向未来向前看”。因此，在展望未来中，更多的是对未来的“积极的想象”（例如“写给未来的信”中，想象某个预定目标已经达成），即使是对风险和障碍的讨论，也是从及早识别未来可能的风险，以及如何对其进行规避的角度进行讨论。

心理学的研究也证明，当未来可能的风险没有发生时，人的幸福感也是在提升的。因此，当团队成员在展望未来中发现聚焦的都是未来的目标和达到目标的解决方案，而非满眼的问题时，自然而然“回顾和总结”活动就会变成充满“正能量”的、让人心情愉悦、愿意投入其中的活动了。

16.4 模式应用案例

应用案例：利用“写给未来的信”进行团队年终总结和迎新活动

每到年末或开头初，团队都会举行年终总结和迎新活动，通常的“保留”项目都是团队聚餐吃喝一顿，大家相互交流一下感情。然而，每次这样的活动虽然气氛热烈，但是很难看到有什么实际的效果。因此，我们可以利用“写给未来的信”这个展望未来工具，为团队已经“审美疲劳”的年终总结和新年迎新活动注入一点活力。

在实践中，结合当下流行的微信朋友圈概念，可以把“写给未来的信”做一个微调，改造成为“写给未来的朋友圈”。具体活动步骤如下。

（1）主持人邀请团队成员围坐成一圈，形成一个圆桌会议的样子，让每一位团队成员都能看到其他成员，从而营造出最好的讨论效果。

（2）主持人让所有团队成员开始畅想以下问题。

“积极的想象”问题 1

距离新的一年开始没有几天了，在过去的一年里，我相信在座的每一位成员都获得了成长。那现在让我们畅想一下，如果今天是明年的 12 月 31 日，我们再一次坐在一起回首过去的一年，你感慨万千，想发一个朋友圈，那么你会发什么呢？请大家把自己设想的明年年底的朋友圈写到各自的便利贴上。

（3）在大家写好了之后，主持人邀请每一位团队成员分享自己“写给未来的朋友圈”，并鼓励大家进行讨论。

（4）主持人在大家分享和讨论完成之后，再邀请大家畅想第二个问题。

“积极的想象”问题 2

大家都已经分享了自己在明年这个时候“写给自己的朋友圈”，那么我请大家再想象一下，假设到明年这个时候，你发了这个朋友圈。同时，如果有一位咱们团队的成员，你特别希望感谢，因为他的帮助，让你实现了朋友圈中那些目标，那么会是谁？你会因为什么原因感谢 Ta？请大家把你想感谢的人和原因都写到便利贴上。

（5）在大家写完之后，主持人邀请大家依次进行分享和讨论。

（6）最后，主持人邀请大家对今天的活动进行一个总结。

如果你作为团队管理者，你的团队还没有尝试过这样“游戏化”的年终总结和新年迎新的话，那么强烈建议你去尝试一下，我相信，你的团队一定会喜欢上这样有趣还有用的“回顾和总结”，而你也会惊奇地发现，持续提升在润物细无声中悄然发生了！

参 考 文 献

［1］（美） Andrew Sobel 著. 提问的艺术：为什么你该这样问. 陈艳 译. 北京：中国人民大学出版社，2014

［2］（美）Patrick Lencioni 著. 团队协作的五大障碍. 华颖 译. 北京：中信出版社，2013

［3］（美）Tom DeMarco，（美）Timothy Lister 著. 人件. 肖然等译. 北京：机械工业出版社，2016

［4］伍麟.“信任危机”的心理学解析. 苏州大学学报：教育科学版，2014(4):50-57

［5］（美）Robert B. Cialdini. 影响力. 闾佳 译. 北京：中国人民大学出版社，2011

［6］（美)Robert, B. Cialdini. 细节：如何轻松影响他人. 苏西 译. 北京：中信出版社，2016

［7］（美）Edgar H. Schein. 组织文化与领导力. 章凯等译. 北京：中国人民大学出版社，2011

［8］（美）Sharon Daloz Parks. 好领导可以教出来. 祝吉芳等译. 北京：商务印书馆，2010

［9］樊登. 可复制的领导力. 北京：中信出版社，2017

［10］（美）Ken Blanchard. 一分钟经理人. 周晶译. 海口：南海出版社，2004.

［11］段烨. 只用管好 4 种人：DISC 性格分析让你成为高绩效的管理者. 北京：北京大学出版社，2013.

［12］（美）Barbara Minto. 金字塔原理. 汪洱等译. 海口：南海出版社，

2010

［13］（比利时）Louis Cauffman. 不懂带人，你就自己干到死. 尹晓虹 译. 北京：印刷工业出版社. 2013

［14］（美）Marshall B.Rosenberg . 非暴力沟通. 阮胤华译. 北京：华夏出版社， 2009

［15］（英）Edward de Bono. 六顶思考帽：如何简单而高效的思考. 马睿译. 太原：山西人民出版社，2008

［16］（美）Mary Lynn Manns，（美）Linda Rising. 拥抱变革：从优秀到卓越的 48 个组织转型模式. Evelyn Tian 译. 北京：清华大学出版社，2014

［17］（美） Jane McGonigal .游戏改变世界：游戏化如何让现实变得更好. 闾佳译. 杭州：浙江人民出版社，2012

［18］（美）Daniel Kahneman. 思考，快与慢. 胡晓姣等译. 北京：中信出版社，2012

［19］（美）Laszlo Bock. 重新定义团队：谷歌如何工作. 宋伟译. 北京：中信出版社，2015

［20］（美）High Smith. 敏捷项目管理. 黄道文等译. 北京：清华大学出版社，2010

后记

念念不忘 必有回响

2000 年，当我踏入北大校园开始大学求学生涯的时候，我一定不会想到 18 年之后，我的第一本著作能够出版。当我 2012 年沉醉于王家卫导演的《一代宗师》之时，我也一定不会想到那句“念念不忘，必有回响”的台词，会在我动手写这篇后记的时候第一时刻跳入我的脑海。

念念不忘，必有回响。

其实这句话并非出自王家卫的《一代宗师》，而是来自民国学者李叔同的《晚晴集》。李叔同在书中这样写道：

> “世界是一个回音谷，念念不忘，必有回响，你大声喊唱，山谷雷鸣，音传千里，一叠一叠，一浪一浪，彼岸世界都收到了。凡事念念不忘，必有回响。因为他有传递你心里的声音，绵绵不绝，遂相印于心。”

只要心存信念，终有被回应的一天。哪怕暂时无果，日后也必当有所收获——这也许就是李叔同这短短八个字所蕴含的鼓舞人心的力量。

回首自己的经历，以及本书成书的经过，又何尝不是这样？

从 2010 年在爱尔兰国家软件研究中心（Lero - The Irish Software Research Center），我第一次接触到 XP 极限编程（eXtreme Programming）开始，敏捷的思想和实践就让我产生了巨大的兴趣。2012 年，一个偶然的机会，我得以从软件开发工程师转型为诺基亚的敏捷教练，并因此认识了成都敏捷社区的众多小伙伴，也开始积极参与到了敏捷社区的讨论，以及敏捷之旅的活动中。从 Scrum、看板的实践，到整洁代码，再到大规模敏捷开发；从可扩展的架构，到更高效的敏捷开发和敏捷项目管理，一如敏捷宣言中提到的，我们心中共同的一个信念就是“通过身体力行和帮助他人来揭示更好的软件开发（We are uncovering better ways of developing software by doing it and helping others do it）”。

2014 年，又是偶然的机会，我开始接触到“教练技术（Coaching）”。当我第一次听到埃里克森教练学院教练的五大原则，特别是其中“每个人都是 OK 的（People are OK）”，以及“每个人都有解决问题所需的一切资源（The person has all the resource necessary to achieve what he/she wants）”的时候，那一刻真的就是我的顿悟时刻（Aha Moment）！恰巧那个时候我有机会从敏捷教练转岗到研发团队管理，我立刻就发现了教练技术中，将“问题导向思维（Problem Focus Thinking）”转变为“解决方式导向思维（Solution Focused Thinking）”，这一思维方式的转变在带领团队成为高绩效团队中的巨大威力！我也开始在带领团队的过程中，不断刻意尝试更多不同的教练技术和管理方法，并观察使用的效果。作为从技术到管理的新人，我心中最“朴素”的信念就是“解决了人的问题，就解决了软件开发最大的问题。如何让软件团队成员在开心的状态下，激发能量，为组织和个人创造双赢的最大价值？”

2015 年，我的一篇论文被敏捷国际会议 XP2015 录用。5 月的芬兰赫尔辛基，又是偶然的机会，我走进了 Linda Rising 博士的“无惧变革（Fearless Change）”工作坊。当我第一次听到将各种引入变革的方式总结为模式（Pattern）的时候，瞬间就感到自己被“点亮”了！我第一次意识到，在软件行业，除了“设计模式（Design Pattern）”，模式的概念还能在更广大的领域得到应用。也就是在那一刻，我突然意识到我之前不断刻意尝试的团队管理的方式，并总结出的一系列可复制的经验，不就是一些“领导力模式（Leadership Pattern）”吗？

到 2016 年的时候，我已经总结出了十多个领导力模式，也开始在一些敏捷技术社区进行分享，恰巧有敏捷社区的好朋友推荐了我去 2016 年 12 月北京的 TOP100 全球软件案例研究峰会进行分享。在会后的采访环节，我第一次认识了电子工业出版社的张瑞喜编辑。张老师热情地鼓励我将这些“领导力模式”好好总结写一本书。

“写一本我自己的书？”这个我似乎未曾想过的念头一瞬间牢牢抓住了我。我突然想起，当我 18 年前第一次踏入北京大学图书馆的时候，面对这个亚洲高校中最大的图书馆，我当时的脑海中冒出的想法是：“如果有一天，也有一本我写的书放在这个书架上，那该有多好！”

念念不忘，必有回响。

感谢这 18 年的生命旅途中，所有让我这个“小小的目标”梦想成真的人。

刘　朋